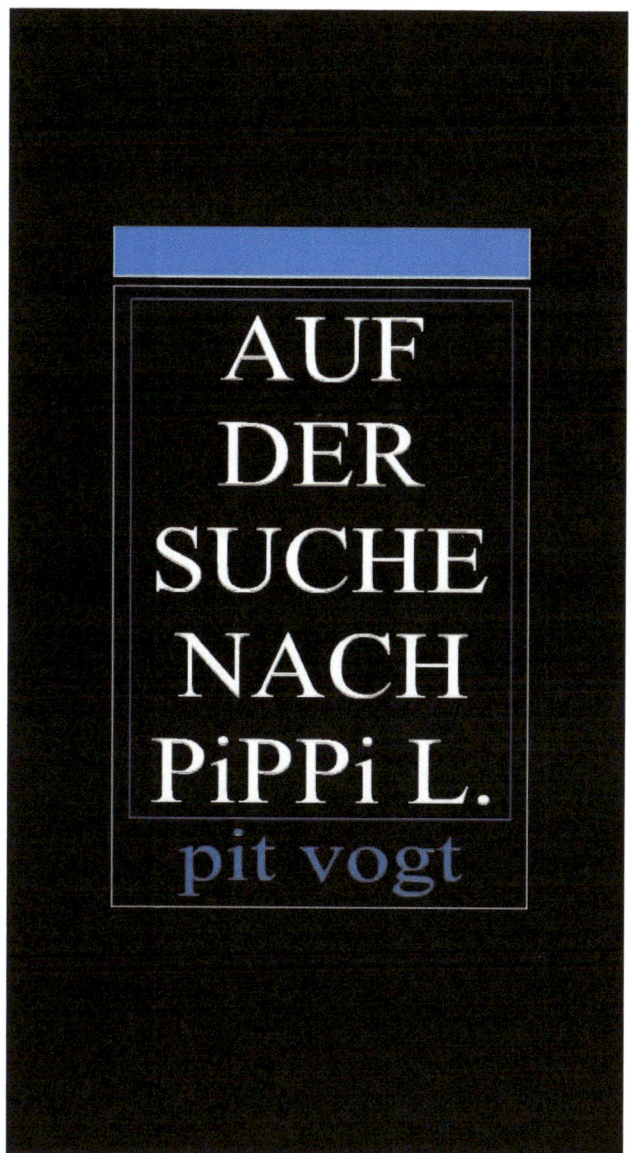

# AUF DER SUCHE NACH PiPPi L.

pit vogt

I
N
H
A
L
T

INHALT

# Auf der Suche nach Pippi L.

## Maueröffnung / 1989

Der Grenzsoldat sah mich mit großen Augen an. Er war sich wohl nicht so ganz schlüssig, sollte er mich nun durchlassen oder nicht? Dutzende von Leuten quetschten sich an mir vorüber. Wenn ich jetzt einfach nur losliefe, wird er bei mir wohl auch nichts sagen. Mit weit aufgerissenen Augen schlich ich mich an dem sichtlich nervösen Soldaten vorbei. Er hatte sich wieder von mir abgewendet und sprach unentwegt irgendwas in sein Mikrofon. Um mich herum war ein tierisches Geschrei! Die Leute sangen, klatschten, schrien, riefen, weinten, fielen sich in die Arme! Was für ein Moment, was für ein Augenblick! Ziellos rannte ich einfach los, atmete dabei die würzig feuchte West-Luft tief in mich ein. In diesem Augenblick fühlte ich mich so frei, so unendlich frei! Irgendwo, an einem etwas ruhigeren Ort blieb ich stehen, konnte einfach nicht mehr. Auf der gegenüberliegenden Straßenseite stand ein Mädchen. Sie trug geringelte Kniestrümpfe und schaute zu mir herüber und lächelte ziemlich frech! Irgendwie sah sie jemandem ähnlich, nur wem? Plötzlich schoss es mir in den Sinn – ja, sie musste eine Figur aus meinen Kindertagen sein, wie hieß die doch gleich: Pippi, Pippi Langstrumpf! Na klar, das musste Pippi Langstrumpf sein. Wie versteinert stand ich da und konnte mich nicht rühren. Hatte sie auf mich gewartet?
War sie extra wegen mir hierhergekommen? Unmöglich! Das kecke Mädchen lachte und winkte. „Komm rüber", rief sie mir zu. Ich konnte es nicht

glauben. Ich sprang über die Straße, hätte beinahe noch ein Auto übersehen und stand plötzlich vor ihr. Ihre lustigen Sommersprossen leuchteten märchenhaft durch die Dunkelheit. Ich schaute sie an, schaute hinter sie, um zu kontrollieren, ob sie auch die langen Zöpfe hatte. „Genau wie damals im Fernsehen", rief ich laut. „Du bist doch Pippi, Pippi Langstrumpf?" Das Mädchen nickte. Dann rief sie lachend: „Komm, lass uns Karussell fahren! Es ist so schön, dass Du endlich hier bist!" Damit zog sie mich trällernd hinter sich her. Sie sang immer lauter und irgendwie hatte ich große Lust, mitzusingen. Ich kannte das Lied von irgendwoher. Ja, ich hatte es im Fernsehen schon einmal gehört. „Los, sing mit", rief sie. Und ich sang, obwohl ich in der Schule beim Singen immer eine 3 hatte. Jetzt aber konnte ich singen und so richtig fröhlich sein. Wir rannten die Straße hinunter, bis wir zu einem einsam gelegenen, verlassenen Rummelplatz gelangten. Alles lag in gespenstischer Ruhe und träumte vor sich hin. Das Mädchen sang und trällerte in allen Tonlagen und auf einmal flackerten bunte Lichter auf. Ganz langsam begannen sich die Karussells zu drehen. Laute Musik ertönte und Pippi sprang mit einem Satz auf ein hölzernes Pferd! „Los, komm mit rauf, wir fahren ein paar Runden!" Das Karussell setzte sich in Bewegung und wurde schneller, schneller, immer schneller! Ich konnte das Gleichgewicht schließlich nicht mehr halten, vor meinen Augen drehte sich alles, ich fiel, dann wurde es dunkel. Meine Zunge schien bleischwer zu sein und mir war übel. Langsam öffnete ich meine Augen. Doch es war dunkel. Noch immer schien es Nacht zu sein. „Pippi, Pippi, bist du noch da", rief ich krächzend. Doch es antworte keiner. Stöhnend erhob ich mich. Irgendwie musste ich vorhin von diesem Holzpferd gefallen sein. Ich verstand gar nichts mehr. War das alles etwa nur ein Traum? Doch warum lag ich dann hier auf diesem verlassenen Rummelplatz im Dreck? War ich am Ende in Trance hierhergelaufen? Doch dann fiel mir wieder ein, wie lustig alles war. Das Lachen, der Gesang und das hübsche Mädchen selbst. Es war wie ein Wunder und mir war, als wäre ich in dieser Nacht Pippi Langstrumpf begegnet. Sollte sie tatsächlich nur ein Traum gewesen sein? Wenn ja, dann wars ein wunderschöner Traum. Ich wischte mir den Schmutz von Hose und Jacke. Aus welcher Richtung mochten wir gekommen sein? Egal, ich muss weg von hier, schoss es mir durch den Kopf. Mit straffem Schritt lief ich los. Während des Fußmarsches wurde mir klar, ich musste sie suchen. Ich wollte unbedingt wissen, wer dieses geheimnisvolle Mädchen war. Als ich sie so vor meinem inneren Auge sah, wurde mir ganz warm ums Herz. War das schon Liebe? War da mehr, als ich mir anfangs eingestanden hatte. Ja, ich mochte sie, aber Liebe? Und woher kam dieser Wunsch oder war es ein innerer Drang, sie unbedingt wiedersehen zu wollen. Wieso? Ich konnte mir diese Frage nicht beantworten. Die Erinnerung kehrte zurück. Diese Grenzöffnung, Westberlin, diese wundervolle Stadt bei Nacht. Und dann dieser Traum, dieser seltsame Rummelplatz. Unterdessen musste ich auf eine Straße gelangt sein. Die Straßenlaternen blendeten mich. Und schon wieder verschwamm alles vor meinen Augen! Doch halt, nein, es waren meine Tränen! Langsam wurde es heller und viele Menschen kamen mir entgegengerannt. Sie lagen sich weinend in den Armen. Einige stießen mit Sekt an. Andere redeten ununterbrochen. Deutschland war wiedervereinigt! Wie wunderbar, wie zauberhaft war doch diese eine

Nacht! So geheimnisvoll und anders als jede andere bisher. Ich mischte mich unter diese wilde, fröhliche Menge. Doch was war das? Ich erschrak, ich konnte nicht lachen, ich konnte einfach nicht mehr lachen! Das Erlebnis mit Pippi schien mehr und mehr in den Hintergrund zu treten. Die Lichter dieser riesigen Stadt überschwemmten mich, als ich zusammen mit den anderen in Richtung „Alexanderplatz" lief. Sprechchöre und Autosirenen hallten durch die Straßen! Leuchtraketen verbanden jetzt Ost und West! Der Fernsehturm blinkte in allen Farben, kündete von einer neuen Zeit! Ja, da begann etwas ganz Neues, ich spürte es, jeder spürte es! Was lag da noch vor uns? Heute muss ich sagen, es waren lediglich meine ganz eigenen Fragen. Ich wollte wohl einfach keine Antworten haben. Nicht einmal die Fragen schienen wichtig. In dieser Stunde „Null" waren alle Menschen Brüder und Schwestern. Jeder fühlte das Gleiche. Alle waren sich plötzlich so einig. Und nur so konnte es gelingen! Selbst die Grenzsoldaten, die ziellos durch die Grenzbefestigungen irrten, kannten sich nicht mehr aus. Einige hatten ihre Mützen abgenommen, andere fingen einfach an zu weinen. Es schien, als fiel selbst von diesen einstmals so harten Bluthunden die Starre von den Gesichtern. Es schien, als hätte diese gewaltige Kraft der Millionen Herzen auch ihr Herz erweicht. So manche Mutter drückte einen schluchzenden Soldaten an ihre Brust. Ach, es waren doch noch Kinder. Und irgendwo rief jemand durch die Nacht: *„Menschen, wir sind ein Volk!"* Die Einzigartigkeit dieses Augenblickes ließ mich nicht mehr los, hielt mich gefangen. Und weit vor mir sah ich plötzlich ein mir bekanntes Gesicht! Ein junges Mädchen stieg gerade in ein Taxi. Vorher küsste sie den Taxifahrer und drehte sich noch einmal um. Ein

Blitz durchzuckte mich – Pippi, ja, da war sie wieder, Pippi Langstrumpf! Ich versuchte, schneller zu gehen, schrie immer wieder ihren Namen: „Pippi, Pippi, warte doch auf mich! Lass mich mit Dir ziehen!" Doch ich schaffte es nicht, mich durch all die taumelnden und glückslethargischen Menschen zu kämpfen. Ich stolperte, sah nur noch, wie Pippi zu mir herüberschaute. Sie winkte, warf mir einen Kuss zu und rief lachend: „Bis mal wieder, weißt ja, auf dem Rummelplatz!" Ich erkannte Tränen in ihrem Gesicht. Und ich lachte nicht, ich weinte. „Nein", rief ich mit letzter Kraft, bis auch mir die Stimme versagte, „nein, geh nicht! Pippi warte auf mich!" Krampfhaft umklammerte ich einen Laternenpfahl, rutschte weinend an ihm herunter. „Nein, geh nicht", wimmerte ich mit letzter Kraft. Doch ich konnte sie nicht halten. Durch den einsetzenden Regen sah ich noch, wie sie sich in die Autositze fallen ließ. Dann fuhr der Wagen langsam davon. In einer plötzlich vorbeiwehenden, seltsam silbrigen Nebelwolke verschwand sie auf Nimmerwiedersehen. Und in diesem Augenblick wusste ich es genau: Ich musste sie wiedersehen, ich musste mein Lachen wiederfinden!

## Aufbruch

**D**rei Jahre waren vergangen. Längst hatte ich einen tollen Farbfernseher, Designerjeans und ein kleines West-Auto. Und ich brauchte keinen Intershop-Laden mehr, um mir von geschachertem Westgeld ein Glas Schokoladencreme zu kaufen. Nein, wir waren ja nun auch „Westen"!

Die Ereignisse in der schicksalsträchtigen Nacht der Maueröffnung hatten sich tief in mein Gedächtnis eingegraben. Oft träumte ich davon. Ich sah dann all diese vielen Menschen, diese weinenden Männer, Frauen, Kinder, die Soldaten. Sah all die glücklichen Gesichter, sah die stolzen Mütter, die ihre Söhne, die an der Grenze ihren Dienst taten, endlich wieder in den Armen halten konnten. Nie hätte ich so etwas für möglich gehalten. Nie hätte ich geglaubt, dass dieses so gegensätzliche Ost- und Westdeutschland einmal wieder zueinanderfinden könnte. Ich denke, niemand hätte das je für möglich gehalten. Doch es ist geschehen! Es ist Realität geworden und wir durften diese einzigartigen Zeiten miterleben! Was für ein Geschenk! Doch da war auch tiefe Trauer in mir. Sie lag auf meiner Seele wie ein Schatten, der nicht weichen wollte. Ich konnte nicht mehr lachen. Wieso nur? Dieses junge Mädchen, Pippi Langstrumpf, wie ich sie nannte, ging mir nicht mehr aus dem Sinn. In den letzten Monaten spürte ich es immer deutlicher: Ich musste endlich aufbrechen, um sie zu suchen! Und ich wollte ein neues Leben beginnen, ein Leben weit weg von hier. Ich wollte fort, nach Finnland, Schweden oder sogar bis nach Amerika, nach Hollywood! Vielleicht fand ich Pippi Langstrumpf ja dort irgendwo? Vielleicht fand ich ja dort mein

Lachen und mein Glück, welches mir durch die vielen dramatischen Erlebnisse irgendwie abhandengekommen war? Irgendwo in den Fjorden, irgendwo in den Wäldern, irgendwo in einer anderen Welt? Irgendwann hatte ich alles erledigt. Der Job war gekündigt, die Wohnung abgemeldet, die Sachen gepackt. Alles war verkauft und ich nahm meinen Rucksack und zog los. Eigentlich schien es grotesk, dieses eben erst befreite und vereinte Deutschland zu verlassen, nur um Pippi Langstrumpf zu suchen. Eine Figur aus einer Kindergeschichte. Doch ich hatte sie selbst gesehen, ich war ihr begegnet!

Ich hatte meine Kindheit wiedergefunden und doch wieder verloren. Aber sind wir nicht alle irgendwo noch Kind geblieben? Sehnen wir uns nicht alle nach einer Zeit zurück, die wir nie mehr erleben werden, wenn wir mal „erwachsen" sind? Hören wir nicht manchmal diese Kinderlieder, deren Text wir damals einfach nicht lernen wollten? Ich schaute mich noch einmal um. Jetzt verließ ich nun diese intakte Welt. Diese Welt, die mir eigentlich die Erinnerung an meine eigene Kindheit wiederbringen müsste und doch nicht konnte. Diese Welt, in welcher mir das Lachen abhandengekommen war. Warum sind wir Menschen so rastlos? Warum sind wir so stimmungsabhängig? Warum können wir nicht einmal zufrieden sein mit dem, was wir besitzen? Warum sind wir nie glücklich? Warum wollen wir es nicht sein? Die alte knarrende Haustür fiel knackend ins Schloss. Ich warf meinen Rucksack und die kleine Reisetasche ins Auto. Ein letzter Blick zurück – da oben im zweiten Stock, da war mal mein zu Hause. Die Reise dauerte ewig. Berlin lag schon seit Stunden weit hinter mir, da war plötzlich gar nicht mehr so klar, wohin die Reise wirklich gehen sollte. Irgendwo an einem einsamen See hielt ich den Wagen an. Wieso eigentlich sollte Pippi Langstrumpf immer im Norden leben? Wieso hat sich noch nie jemand gefragt, ob sie vielleicht nach Amerika ausgewandert wäre? Wieso eigentlich? Der Gedanke lag jetzt ganz nah, die Richtung einfach zu ändern. Ich lehnte mich zurück, sollte ich vielleicht am Ende wieder zurückfahren? Einfach noch einmal von vorn anfangen, wie so viele andere auch. Komisch, solche Fragen hätte ich mir vor ein paar Monaten nie gestellt. Aber jetzt, hier und heute? Alles hatte sich verändert. Manchmal hatte ich den Eindruck, die ganze Welt sei im Aufbruch. Irgendetwas lag in der Luft. Irgendetwas schrie in einem Fort nach Veränderung. Und warum suchte ich überhaupt nach Pippi? Nur, um ein klitzekleines Stück der verlorenen Kindheit zurückzuerobern? War sie am Ende doch nur ein Produkt meiner zu lebhaften Fantasie? Natürlich, ich musste ja nicht suchen. Ich könnte noch ewig in meiner kleinen Wohnung leben und warten, auch ohne Lachen. Nein, ich wollte weg! Ich musste weg! Mich interessierten die Menschen, deren Wege, und die Welt sowieso. Und ich konnte eben nicht mehr an einem Ort bleiben, wo ich immer noch trauriger wurde. Hatte sich die kleine Wohnung, diese winzige Welt dort im Kiez nicht längst erledigt? Hatte ich dort tatsächlich schon alles erlebt, was man an solch einem kleinen Fleckchen Erde erleben kann? Oder war es eine Flucht, eine Flucht vor mir selbst? Die DDR kannte solche Ansichten nicht. Da war alles vorgezeichnet, vom Kindergarten an. Nichts schien unklar, es war für alles gesorgt. Die Schule, die FDJ, die Berufsausbildung, dann die GST, alles war so sonnenklar. Und dann hätte ich sicher eine nette Frau kennengelernt, ja und Kinder und eine

Neubauwohnung, und, und, und? Und mein Leben? Hätte ich das auch noch? Diese Wende schien mir irgendwie mein Leben zurückgegeben zu haben. Doch die Zeiten sind schlecht. Und ich bin auch nicht Millionär geworden. Ist das trotzdem Glück oder machte ich mir da was vor? Diese vielen Menschen auf der Mauer, die dann fiel. Ja, sie fiel einfach um! Und ich? Ich saß nun in meinem kleinen West-Auto und fuhr zu Pippi Langstrumpf. Ist das nicht irre? Es begann zu nieseln. Der Scheibenwischer zog Schlieren über die Scheibe. Auch dämmerte es ganz langsam. Plötzlich erschien alles sonnenklar! Ja, ich wollte einfach wieder zurückfahren, um dann noch einmal von vorn anzufangen. Ich hangelte mich aus dem Wagen, streckte mich lautstark und machte ein paar Gymnastikübungen. Der Regen lief mir in den Hemdkragen, lief mir eiskalt den Rücken herunter. So etwas sollte eigentlich unangenehm sein, doch mir gefiels. Er kühlte mich ein bisschen ab, erfrischte mich und meine Seele. Er reinigte auch meinen Kopf, irgendwie. In der Dämmerung erkannte ich eine Person. Sie lief geradewegs auf mein Auto zu. Durch den immer stärker werdenden Regen konnte ich sie schlecht erkennen. Ich versuchte, etwas auszumachen. Doch es gelang mir nicht. Ich setzte mich leicht fröstelnd ins Auto zurück und wischte mir das Wasser aus Gesicht und Nacken. Auch die Brille lief an und ich legte sie auf den Beifahrersitz. Die Person, die ich vorhin in der Ferne ausgemacht hatte, stand jetzt dicht vor meinem Wagen. Ich erstarrte, es war Pippi, Pippi Langstrumpf! Das konnte doch gar nicht sein. Ich musste verrückt geworden sein. Kein Wunder, bei der langen Reise, und gegessen hatte ich auch so gut wie nichts. Wahrscheinlich rebellierten meine Sinne? Doch die vermeintliche Pippi fing

15

lautstark an zu lachen. Sie wischte sich das Regenwasser aus dem Gesicht. Dann öffnete sie die Autotür. „Na, sag mal, wo steckst Du denn? Ich habe Dich überall gesucht", dabei grinste sie und ihre Abermillionen Sommersprossen verteilten sich über ihr gesamtes Gesicht. Ich stotterte: „Nein, ich habe DICH gesucht und nicht Du mich! Aber Du bist ja damals einfach davongefahren!" Sie nickte grinsend und sagte leise: „Manchmal geh ich noch auf unseren Rummelplatz und fahre Karussell. Aber allein macht das keinen Spaß." Schließlich schniefte sie laut, lief um das Auto herum und ließ sich neben mir auf den Beifahrersitz fallen. Mit einer mutwilligen Handbewegung streifte sie sich derart heftig über ihre klitschnassen Klamotten, dass es bis zu mir herüber spritzte.

Ich schrie nur noch: „Nicht, meine Brille!" Doch Pippi lachte und zog sie völlig intakt unter ihrem Allerwertesten hervor. „Suchtest Du die hier?" Sie lachte schallend auf und setzte mir das vermeintliche Nasenfahrrad singend auf die Nase. „Und", fragte sie dann frech, „was machen wir jetzt?" Ich zuckte mit den Schultern. So lange war ich unterwegs gewesen, wollte sogar bis nach Schweden fahren. Und dann saß dieses freche Gör plötzlich neben mir und lachte mich aus. Doch in meinem Herzen breitete sich ein seltsames Gefühl aus, so etwas wie eine wohlige, sehr angenehme Wärme. Eine Wärme, wie ich sie lange nicht mehr gespürt hatte. Es war ein Gemisch aus Glück und Freude. Ja, ich war glücklich, einfach nur glücklich. Ich hatte sie gefunden, ich hatte meine Pippi wiedergefunden! Sie hatte mich begleitet durch meine Kinderzeiten, durch die Wendezeiten und nun war sie hier, hier bei mir. „Also, wenn wir hier noch länger warten, dann zwick ich Dich in den Hintern", rief sie plötzlich laut. Dabei zog sie eine Flöte aus ihrem kleinen Rucksack und begann zu spielen. Sie spielte wunderbar und schwenkte ihren frechen Kopf hin und her. Ihre langen Zöpfe flogen mir ins Gesicht und ich begann dazu zu singen – irgendwas, was mir gerade so einfiel. Sie spielte und ich sang! Und wir waren in diesem Moment so sagenhaft ausgelassen und glücklich, wie vielleicht schon lang nicht mehr. Wo war sie nur hergekommen? Ich wollte sie zwar fragen, ließ es dann aber doch. Als sie fertig war mit ihrem Spiel, rief sie: „Los, jetzt fahren wir wieder zurück nach Berlin! Ich habe noch 'ne Überraschung für Dich!" Unterwegs erzählte sie mir, was sie alles noch vorhatte. Es hörte sich an wie ein verrückter Kindertraum. So etwas konnten sich gar keine Erwachsenen vornehmen, Eis essen, singen, tanzen, in den Mond gucken, karussellfahren, träumen, reiten, baden gehen, Fahrrad fahren und Leben, einfach nur leben!

„Pass mal auf, Du Miesepeter", rief sie plötzlich, „Du solltest nicht einfach aufgeben. Fortgehen kannst Du noch alle Tage! Lern doch erstmal Deine Heimat richtig kennen! Such Dir Gleichgesinnte und laufe mit denen dann durch die Welt! Zieh durch Berlin und durch alle Kneipen! Was willst Du schon im Norden oder in Amerika? Du alter Esel, haha, lala, Du bist ein Esel, Du bist ein alter Esel lala!" Damit schien der Fall für sie erledigt. Also gut, dann eben auf nach Berlin! Ihr magischer Frohsinn war voll auf mich übergegangen. Ihr fortwährendes Lachen und ihr lautes Singen stachelten mich an. Ich konnte gar nicht mehr traurig sein, auch, wenn ich spürte, wie Tränen über mein Gesicht rannen. Und plötzlich erhob sich unser Auto und flog in den dunklen Abendhimmel, geradewegs auf den großen gelben Mond zu.

Kopfschüttelnd ließ ich das Steuer los. Von irgendwoher erklangen leise Weihnachtslieder. Ich hatte es aufgegeben, mich zu wundern. Pippi schaute mich mit ihren großen Kulleraugen an. Dann küsste sie mich auf den Mund und ich hielt sie fest und genoss es einfach. In einer riesigen silbernen Wolke blieben wir stehen. „Komm, aussteigen! Hier bin ich zu Hause!" Sprachlos stieg ich aus dem Wagen. Eingehüllt von sanft weißen, silbernen Wolken schwebte ich in einer Welt, die ich noch nie zuvor gesehen hatte. Überall waren riesige Gärten mit den schönsten Blumen. Der Mond schien hier so hell, dass die ganze Umgebung in ein mystisch glitzerndes Licht getaucht wurde. Pippi nahm mich an die Hand und wir flogen durch silberne Straßen. Glitzernde Tempel säumten eine Allee aus Palmen, wie konnte das nur sein? „Schau", rief sie mit geheimnisvoller, aber entschlossener Stimme, „sieh Dich nur um! Hier wohnen all die Engel, die unten auf der Welt für Ordnung sorgen müssen! Hier leben die Schutzengel, die Elfen und Nymphen, alle eben!" Ein wahnwitziger Gedanke schoss mir durch den Sinn! Was, wenn diese Wende, diese deutsche Wiedervereinigung ein Werk der Engel war? Sie hatten uns allen die Kraft zurückgegeben, uns selbst wieder zu finden. Ich musste grinsen. Scheinbar war nichts auf dieser weiten Welt unmöglich, nichts! Pippi lächelte mich an. Dann sagte sie leise zu mir: „Ihr müsst wieder lernen, Kind zu sein. Ein Kinderlachen hat noch keinem geschadet. In all den Jahren habt Ihr es verlernt zu lachen. Ihr kauft Euch Dinge, die Ihr nicht bezahlen könnt. Ich wollte immer noch mehr Geld, was Ihr niemals ausgeben könnt. Ihr vergesst das Elend und die Not, die es überall um Euch herum gibt. Und dabei vergesst Ihr das Lachen. Doch Ihr könnt es noch. Findet den Weg zurück. Ihr seid gar nicht verloren. Ihr müsst einfach nur wieder lachen können, mehr nicht." Da begriff ich es, Pippi hatte mir, hatte uns allen das Lachen zurückgebracht. Wir hatten die einmalige Chance in unserer gesamten Geschichte, das Lachen und damit unsere Kinderträume zurück zu erhalten. Pippi deutete nach unten. Ich schaute durch die zarte Wolkenhülle auf die Erde herab. Ein Lichtermeer tat sich auf. Das musste Groß-Berlin sein. Oder Deutschland? Egal, es war meine Heimat! Erleichtert schaute ich zu Pippi herüber. Sie lächelte noch immer. Ich glaubte, eine Besorgnis in ihrem Blick zu entdecken. Dann schaute sie lächelnd nach oben zum Mond. „Jetzt seid ihr bereit", rief sie. Schließlich flogen wir durch diese endlos scheinende Märchensymphonie, geradewegs nach unten in die reale Welt zurück. Ich war noch nie so glücklich und konnte endlich, endlich wieder lachen. Und die Welt unter mir, die war noch nie so schön.

## Die Angestellte

Es war ein Morgen, irgendwann
Der Kaffee schmeckte schlecht, so schlecht
Noch schnell ein Küsschen für den Mann
An diesem Morgen, irgendwann
Sie macht' es allen immer recht

An jenem Tag, als Regen fiel,
War's trübe noch und seltsam lau
Ihr Job war hart, kein leichtes Spiel
Der Tag war grau und Regen fiel
Sie war 'ne starke schwache Frau

Sie sah das Elend vis-à-vis
Und mancher Fall wog tonnenschwer
Sie hielt es durch, wohl irgendwie
Sie sah manch' Trauer vis-à-vis
Doch auch sie selbst schien müd und leer

Vorm Spiegel in der Pause dann,
Da sah sie sich und weinte leis
Ein Handyklingeln – wohl der Mann
Vorm Spiegel jetzt – minutenlang
Und irgendwo zerschmolz das Eis

Was, wenn sie einfach wortlos ging
Dorthin, wo alles Glück vielleicht
Dorthin, wo aller Segen hing
Wer fragt, wenn sie jetzt einfach ging
Ob's für das Leben dann noch reicht

Sie schloss die Augen, hielt sich fest
Und wankte hin und wieder her
Was, wenn man sich mal treiben lässt
Sie hielt am Waschbecken sich fest
Im Leben geht so manches quer

Was für ein schöner ferner Traum
Sie wischte sich die Tränen fort
Mit Seife und mit reichlich Schaum
Wusch sie sich ab, den großen Traum
Man rief nach ihr, mit lautem Wort

Und lächelnd lief sie schnell zurück
Ein neuer Kunde wollte Rat
Wo liegt des Lebens größtes Glück
Sie lief nur ins Büro zurück
Und tat, was sie sonst immer tat

Sie sagte „Ja", sie sagte „Nein"
Der Arbeitstag ging schnell vorbei
So musste es wohl immer sein
Ein Leben zwischen Ja und Nein
Ihr Mann kam heim, so gegen 3

# Er

Er war ein großer, starker Held
Er hatte Ruhm, Erfolg und Geld
Er hatte eine Frau, so schön
Man hat ihn selten lachen sehn
Er liebte nicht die schöne Welt

Die Nachricht kam tief in der Nacht
Er hat sich plötzlich umgebracht
Ein Bahndamm, irgendwo am Wald
Da war es einsam, trist und kalt
Und Regen fiel in jener Nacht

So viele Menschen kannten ihn
Er hatte eine Frau, so schön
Er war ein Star, er sah gut aus
Er hatte auch ein großes Haus
Und sah im Leben keinen Sinn

Der Bahndamm liegt so schweigend da
Es regnet nur, wies öfter war
Er hatte Kinder, hübsch und schön
Man hat ihn selten lachen sehn
Er war ein junger, großer Star

## Der Schauspieler

Er hatte einfach nur gelacht
Der Schauspieler im letzten Akt
Er sah uns an und hat gelacht
Woran nur hatte er gedacht
Der Schauspieler im letzten Akt

Er spielte so unsagbar gut
Der Schauspieler gab alles hin
Er weinte auch und zeigte Wut
Ging es ihm wirklich immer gut
Der Schauspieler gab sich nur hin

Am Ende ging der Vorhang zu
Der Schauspieler schminkte sich ab
Er wollte jetzt nur seine Ruh
Der Vorhang ging für heute zu
Es war ein wirklich guter Tag

Dann ging er heim, tief in der Nacht
Die Frau, die Kinder schliefen schon
Ein Kuss für alle, nur ganz sacht
Denn es war still und es war Nacht
Fernab vom Bühnenmikrofon

Und als er träumte, selbst sich sah,
Da spürte er auch Einsamkeit
Wer er im Spiel auch immer war,
Er blieb allein dort, unnahbar
Und Frau und Leben schienen weit

Er brauchte den Theaterschein
Die Kinder hatten ihn vermisst
Er wollte jemand anders sein
Ein Leben zwischen Schein und Sein
Er hat die Frau nur sacht' geküsst

Am nächsten Morgen gegen 8
Ging er zur Probe für sein Stück
Er hat „Adieu" nur leis gesagt
Ging ins Theater gegen 8
Denn dort, nur dort fand er sein Glück

Er hatte wieder gut gespielt
Der Schauspieler im letzten Akt
Ob er sich wirklich wohl gefühlt
Wer weiß das schon
Er hat gespielt
Ein Schauspieler im letzten Akt

## Maskerade

Irgendwo auf meinem Weg
frag ich mich, wo steh ich jetzt
Weiß nicht, wies wohl weiter geht
Irgendwo auf meinem Weg
Halt ich durch Bin ich verletzt

Seh die Kind- und Jugendzeit
Mann, war ich da dumm und schwach
Dann die Lehre, manches Leid
Bis zum Mann unendlich weit
Sturheit brachte Streit und Krach

Viele Pleiten, Tränen auch
Alkohol und Einsamkeit
Manchmal stand ich auf dem Schlauch
Hass und Liebe, ja, das auch
Trotz vielleicht Besessenheit

Auf der Jagd, und selbst doch Ziel
Blind vor Eifersucht und Hass
Manchmal wars ein großes Spiel
Schoss daneben, nicht ins Ziel
Fand nicht immer meinen Spaß

Mal gings runter, mal gings rauf
Berg- und Talbahn, immerfort
Nie gab ich die Träume auf
Runter gings, und auch bergauf
Meine Seel, kein kluger Ort

So wird's immer weiter gehn
Bin ein Clown, der niemals ruht
Irgendwann die Welt verstehn
Und die Zeit, sie wird vergehn
Niemals stockt mein wildes Blut

Irgendwo auf meinem Weg
Frag ich mich:
*Wo geht's noch hin*
Weiß nur, dass es weiter geht
Irgendwie auf meinem Weg
Auf der Suche nach dem Sinn

## Zeit

Die Zeit lässt manchmal uns zurück
Sie schlägt uns nieder, gnadenlos
Doch geht sie weiter Stück um Stück
Und manchmal lässt sie uns zurück
Und trägt uns doch in ihrem Schoß

Sie klärt nicht auf und ordnet nicht
Sie trennt so viele einfach so
Sie schaut nur zu, wenn was zerbricht
Ist gnadenlos und rettet nicht
Sie macht uns traurig und auch froh

Doch ist sie auch der Ruhe gleich
Und lässt uns Raum zum Neubeginn
Durch sie sind manche Träume reich
Die Zeit bleibt immer wieder gleich
Nur wir verleihen ihr den Sinn

Sie gibt uns eine neue Chance
Denn sie ist da und bleibt nie stehn
Sie gibt dem Leben die Balance,
Wir brauchen alle eine Chance
Die Zeit lässt Altes bald vergehn

So freu ich mich als Kind der Zeit,
dass ich es selbst entscheiden kann
Ich zieh durch Glück und auch durch Leid
Und zieh gelassen durch die Zeit
Ich pack mein Leben, irgendwann

## Im Wald

Erinnerung an alte Zeiten
Irgendwo im tiefen Wald
Wollt mit dir zusammenbleiben
Doch die Liebe wurde kalt

Konnte dich nicht länger halten
Du gingst fort aus dieser Stadt
Und ich spür den Wind, den kalten
Weil ich nichts zum Wärmen hab

Hier im Wald ist so viel Ruhe
Ahn dich hinter jedem Baum
Schmutzbeschwert sind meine Schuhe
Schmutzbeschwert scheint mancher Traum

Hintern Busch ein wilder Eber
Selbst dies Schwein will nichts von mir
Bis zu ihm sind's nur drei Meter
Endlos weit ist's bis zu dir

Auf dem Hochsitz mach ich Pause
Einen Whisky auf uns zwei
Früher gab's für uns nur Brause
Ohne Pep war's schnell vorbei

Plötzlich ist es Nacht geworden
Und ich spür die Kälte schon
Nein, ich bin noch nicht gestorben,
auch wenn ich nicht bei dir wohn

Werd dir sicher nochmal schreiben,
weil ganz tief im Herz was blieb
Erinnerung an alte Zeiten
Denn ich hab dich doch noch lieb

## Eine Weihnachtsgeschichte

Ein Weihnachtsabend gegen 3
Das junge Paar sitzt unterm Baum
Ein kleines Kind ist auch dabei
Es ist an Weihnacht gegen 3
Was für ein schöner Weihnachtstraum

Gleich gibt's Geschenke reichlich, satt
Das Kind, gespannt, ist voll von Glück
Der Weihnachtsmann kommt in die Stadt
Und bringt Geschenke, reichlich, satt
Und Papa kennt den Weihnachtstrick

Er geht hinaus und lächelt leis
Und sagt noch schnell: *„Gleich ist's soweit"*
Die Spannung steigt, dem Kind wird's heiß
Der Papa lächelt nur ganz leis
Und so vergeht die Stund, die Zeit

Die Mutter nimmt das Kind zu sich
Und streichelt sacht ihm übers Haar
*„Wo bleibt der Papa"*, fragt sie sich
Und nimmt das Kind ganz sacht zu sich
Der Weihnachtsmann ist noch nicht da

Der Abend geht, längst schläft das Kind
Es hat nach Papa kurz gefragt
Vorm Hause streicht ein eisig' Wind
Die Mutter bracht ins Bett das Kind
Und hofft am Fenster voller Klag

Wo bleibt der Papa, wo der Mann
Warum in dieser Weihnachtsnacht
Lang schaut im Spiegel sie sich an
Wo bleibt nur unser Weihnachtsmann
Hat der sich aus dem Staub gemacht

Am nächsten Morgen klingelts früh
Zwei Polizisten stehn vorm Haus
Sie stelln sich vor und fragen sie
Für manche Nachricht ist's zu früh
So sieht kein Weihnachtsmorgen aus

Man fand den Wagen irgendwo,
Zerschellt an einer Häuserwand
Da war das Glatteis, einfach so,
In einer Straße, irgendwo
Den Toten man erst morgens fand

Die Polizisten gehen schnell
Nach Haus, wo Weihnachtsmusik singt
An jenem Morgen wird's nicht hell
Und mancher Tod kommt eben schnell
Manch' Papa nie Geschenke bringt

Das Kind erwacht so gegen 10
Und fragt nach seinem Papa bald
Die Mutter bleibt im Zimmer stehn
Es ist an Weihnacht, früh um 10
Und in der Wohnung ist's so kalt

Sie nimmt das Kind in ihren Arm
Und drückt es fest ans Mutterherz
*„Wolln wir zum Weihnachtsmann jetzt fahrn"*
Sie hält das Kind ganz fest im Arm
Und schluckt hinunter ihren Schmerz

Und alle Fragen bleiben fort
Es gibt auch keine Fragen mehr
Wo gestern noch ein schöner Ort,
Bleibt aller Weihnachtszauber fort
Der Weihnachtsmann kommt nimmer mehr

Sie steigt ins Auto mit dem Kind
*„Komm lass nach Papa uns jetzt schaun"*
Es weht nur eisig kalt ein Wind
Sie fährt davon mit ihrem Kind
Auch draußen steht manch´ Weihnachtsbaum

Man sieht sie rasen übers Land
Es fällt der Schnee so weiß und dicht
Sie nimmt das Kind fest an die Hand
Es ist doch Weihnachten im Land
Die nächste Kurve sieht sie nicht

*Dann ward es still*
*Kein Schnee, kein Wind*
Nur einsam steht ein Weihnachtsbaum
Sie stieg ins Auto mit dem Kind
Und wollt zum Weihnachtsmann geschwind
Nur einmal noch den Weihnachtstraum

Und irgendwo zur Weihnachtszeit,
Da wartet manches Kind verzückt
Auf Papa mit dem Weihnachtskleid
Am Himmel hoch zur Weihnachtszeit
Da sind drei Sterne voller Glück

## Das Leben

Das Leben fließt so wie ein Strom
Mal langsam noch, dann wieder schnell
Es fließt nur so, wer fragt da schon
Das Leben ist ein langer Strom
Es ist oft dunkel, selten hell

Es ist nur da und bringt die Zeit,
In der wir sehen und verstehn
Wir fühlen Glück, erleben Leid
Und es vergeht mit aller Zeit
Bis nichts mehr von uns bleibt bestehn

Der Wind fegt über kahles Land,
Auf dem es so viel Leben gab
Es liegt oft nicht in unsrer Hand
Es fegt nur Wind über das Land
Und streichelt sacht so manches Grab

Man möcht so gerne ewig sein,
Um eins zu werden mit der Welt
Um alt zu werden, wie ein Stein
Ja, manchmal möchte man ewig sein
Niemals verlieren, was man hält

Doch fließt das Leben wie ein Strom
Und bliebt nicht stehen, treibt uns fort
So manches fließt uns da davon
Denn es geht weiter, mit dem Strom
Und bleibt nie ein beständig´ Ort

## Alte Frau

Sie denkt sehr selten nur an Morgen
Die alte Frau ist ohne Sorgen
Sitzt auf der Bank, vorm Haus, im Tal
Und es ist Frühling
*Wiedermal*

Im Sommer ziehts die Frau zum Garten
Sie will jetzt nicht mehr länger warten
Die Rosen und die Nelken blühn
Sie will nochmal im Tanz sich drehn

Der Herbst zieht ein, die Blätter fallen
Auch Vogelstimmen kaum noch hallen
Die alte Frau ruht sich nun aus
Und Nebel ziehen um ihr Haus

Die alte Frau ist alt geworden
Und jenes Jahr scheint fast gestorben
Der Winter längst am Fenster leckt
*Die Bank vorm Haus*
*Von Schnee bedeckt*

## Besuch am Grab

Der Regen rieselt durch die Äste
Wart auf dem Friedhof ganz allein
Gedanken um des Lebens Reste
stelln kühl in meiner Seel sich ein

Hier ist's so ruhig, endlose Stille
Nur Regen fällt auf manches Grab
So endgültig, ein letzter Wille
Hier, wo man nichts zu sagen wagt

Da giert und jagt man durch die Zeiten
Da jammert man und will noch mehr
Und spürt nicht, wie die Jahr' enteilen,
wie alt man wird und schwach und leer

Die Jugend ist nicht festzuhalten
Der Reichtum nicht und nicht das Gut
Nichts ist auf ewig aufzuhalten,
weil irgendwann erstarrt das Blut

So will ich Einhalt mir gebieten
Denn viel zu schnell komm ich hierher
Sollt wieder neu mein Leben lieben
und Lieder singen, und noch mehr

Der Regen rieselt durchs Geäste
Und dunkel wird's im Friedhofshain
Was tu ich mit des Lebens Reste
Schlag hoch den Kragen und geh heim

## Leuchtturm

Irgendwo in ferner Zeit
blinkt ein Leuchtturm in die Welt
Steht so einsam und befreit
Steht so fern von aller Zeit
Und sein altes Mauerwerk, es hält

Hab ihn eines Tags entdeckt
Dort am Ufer, dort am Strand
Fand ihn kaum, weil er versteckt
Hab ihn irgendwann entdeckt
Und ich lief durch weißen Sand

Stand vor ihm und sah sein Licht
Und das Meer rauschte im Wind
Plötzlich sah ich mein Gesicht
Dort im hellen Leuchtturmlicht
Vor mir stand ein frohes Kind

Ja, es lachte und es sang
von dem Leben und vom Glück
Sah das Kind minutenlang
Hörte, wie es fröhlich sang
Und ich sang dies Liedchen mit

Und auf einmal ward mir klar,
dass ich doch noch lachen kann
Hier, wo nie ein Mensch je war,
wurde mir so manches klar
Täglich fängt dies Leben an

Wenn sich etwas ändern muss,
geht es nur, wenn ich es tu
Denn es ist noch lang nicht Schluss,
weil ich´s selbst jetzt ändern muss
Denn das Leben gibt nie Ruh

Irgendwo in ferner Zeit
blinkt ein Leuchtturm hell und gut
Steht so einsam und befreit
Jenseits aller Lebenszeit
Gibt mir neuen Lebensmut

## Resümee

Die Zeit vergeht
Mich zieht es nun nach Norden
Verschwommener Mond
Die Wolke stirbt am Berg
Vom Wind verweht
Der hört nicht auf zu morden
Ein dunkler Stern
Ich bleib ein arger Zwerg

Vergangenes Glück
Zu warm ists nie geworden
Da starb soviel
Ein Nachen sank im Fluss
Einsam verrückt
Zum X-ten Mal gestorben
Hier ists zu kalt
Und Gott zeigt keinen Gruß

Es ist vorbei
Mein Herz hört auf zu schlagen
Dem Tode nah
Und nimmer mehr befreit
Oh Herr, verzeih
Verflucht an vielen Tagen
Weil ich nie sah
Mein großer Traum – zu weit

Geh heimwärts jetzt
Ein Stern wird mich begleiten
Im fernen All
Irrt manche Seel umher
Zu schlimm verletzt
Ich will mich da nicht streiten
Es bleibt ein Hall
So endlos still und leer

Du fremdes Ich
Zuviel hast Du gefordert
Im Spiegelbild
Ein abgestürzter Star
Jenseits vom Licht
Da ist kein Glück geordert
Zu dumm, zu wild
Am Ende nur ein Narr

## Maskerade

Heut ist Modetreff im Parke
Alles wird so wunderschön
Und was immer ich auch sage,
lasst uns auf die Party gehn

Schnell ins Kleid, das viel zu enge
Mann, der Reißverschluss, er klemmt
Und dann rein in das Gedränge
Heut sind wir ganz ungehemmt

Großer Abend, tolle Leute
Weiße Kleider, schwarzer Frack
Und man küsst sich, welche Freude,
weil man sich so gerne hat

Zur Begrüßung gibt's ein Gläschen
Ach, der Schampus tut so gut
Weiß gepudert manches Näschen
Und so blau manch´ rotes Blut

Zwei drei Worte gibt's zum Toste
Hoffentlich geht das heut schnell
Ob mit Weste oder Oste
Heut ist alles schön und hell

Kaum beendet dieser Zauber,
geht die Party richtig los
Nichts bleibt jetzt mehr rein und sauber
in dem herrschaftlichen Schloss

Die da drüben in der Ecke,
war die nicht sehr übel krank
Und da vorn diese Brünette,
hat längst nichts mehr auf der Bank

Guten Tag, schön Sie zu sehen
Wie geht's Ihrer Gattin heut
Wolln wir ein paar Runden drehen,
hier im Garten, voller Freud

Da, Karl-Heinz, der Mann vom Lager
Ja, man munkelt, der sei schwul
Oder war es nur sein Schwager
Ach egal, wir bleiben cool

Mit dem schwarzhaarigen Typen
hat's getrieben jede schon
Heut will er Karl-Heinz beglücken
Oh mein Gott, was für ein Hohn

Seht, des Bürgermeisters Gattin
Sieht die heut nicht furchtbar aus
Blaues Kleid in Sandaletten
Kommt aus keinem guten Haus

Ach, der liebe Herr Direktor
War der neulich nicht im Knast
Hat ein Hund jetzt, namens Hektor-
Da hab ich wohl was verpasst

Dankbar reicht man sich die Hände
für manch großen Liebesdienst
Und man wirbt für eine Spende,
und für manches Hirngespinst

Und die Steuer ward betrogen
um Millionen, ganz geheim
In der Schweiz lässt sich's gut wohnen
Dort fühlt man sich wie daheim

Selbst der Herr Gerichtsvollzieher
knutscht mit einer fremden Frau
Was will die von dem Verlierer
Ist sie pleite oder blau

Oh Herr Doktor, welche Ehre
Hab sie vorhin nicht erkannt
Und ihr Glas ist auch schon leere
Trinken ist doch keine Schand

Gegenüber lallt Herr Decker
Er ist überall beliebt
Dieser alte Speichellecker,
der nur intrigiert und schiebt

Plötzlich tönt ein Schrei vom Teiche
Gierig geil rennt jeder hin
Alle Gäste werden bleiche
Die besoffne Schmidt liegt drin

Auch der Prokurist scheint rollig
Küsst die Sekretärin ab
Hat zu Haus 'ne Frau, die mollig
Doch man sagt, die hat ihn satt

Am Buffet, die lange Blonde
Die Figur, total versaut
Lag zu lang wohl in der Sonne
Dass die sich hierher noch traut

Tanzen, saufen, fressen, küssen
Grölen bis tief in die Nacht
Jeder will's mit jedem wissen,
weil man das zu Haus nicht hat

Ja, die Cocktailgläser klappern
Und so manches Gold-Gebiss
Gleich gibt's noch etwas zu knabbern
Einen Joint noch
*Lecker, süß*

So geht bald das Fest zu Ende
Ach, wie schön es wieder war
Voller Freud drückt man die Hände
Küsschen, bis zum nächsten Jahr

## Flucht

Was ist die Freiheit wert,
wenn die Leute schweigend gehen
Die Jugend, ach,
die ist doch gar nicht schwach
Und woanders
werden wieder starke Winde wehen
Wir leben alle unter einem morschen Dach

Ich stell mir immerzu
die stumme Frage
Wo ist das Glück
Und wo die Hoffnung, wo
Und wieder gehen
an manch regnerischem Tage
die Menschen aus der Heimat, einfach so

Brach liegt dies Land
der fliehend' Bauern
Brach auch der Sinn-
Ich find ihn nirgendwo
Zu spät zum Jammern
oder auch zum Trauern
Ich schau mich um, in Angst
Und werd kaum froh

So ziehn sie fort,
die Rächer, die Verdammten
Zum weiten Strand
Zum fernen Kontinent
Und wenn sie einst
Zuhause wieder landen,
Sind sie allein,
weil man sie nicht mehr kennt

## Der Karton

Ein Karton steht auf dem Boden
Der ist so klein und gar nicht groß
Sollt ich ihn öffnen, ist's verboten
Ein Karton steht auf dem Boden
Weiß nicht genau, was mach ich bloß

Er steht so da und irgendwie
scheint es mir fast, ich sollt es tun
Ist's ein Geschenk, das ach so lieb
Er steht nur da und irgendwie
wolln meine Sinne nicht mehr ruhn

Ich gehe hin, schau zur Adresse
Von wem er kommt, ist nicht zu sehn
Und mein Gesicht zeigt erste Blässe
Ich schau ihn an, such die Adresse
Die muss doch irgendwo dort stehn

Gedanken ziehn mir wirr im Kopf
Was, wenn es eine Bombe ist
Vielleicht ein neuer Suppentopf
Gedanken schwirrn durch meinen Kopf
Vielleicht ist drin der letzte Mist

Da mach ich's kurz und reiß behände
jenes Papier um ihn schnell auf
Es brennen mir beinah die Hände
Ich wünsch, dass ich was Schönes fände,
damit ich mir nichts Dummes kauf

Doch seh ich schon in seinem Innern
buntes Papier und nichts dazu
Und plötzlich fang ich an zu wimmern
Da ist nichts drin, in seinem Innern
Und aus ists mit der Seelenruh

Wer nur, wer hat mich veralbert
und mir ´nen Leerkarton geschickt
Ich fühl mich schlecht und stark gealtert
Was für ein Schelm hat mich veralbert
Da ist nichts drin- ich bin geknickt

Jedoch am Boden liegt ein Briefchen
Ich greif danach, freu mich sodann
*„Für meinen Schatz"*, steht da, *„mein Liebchen."*
Was für ein schönes, nettes Briefchen
Schnell zünd ich mir ´ne Kerze an

Wohl war´s ´ne große Überraschung
von meinem Schatz aus Liverpool
Schnell noch ´ne Dusche, eine Waschung
Was für ´ne schöne Überraschung
Der Karton war wirklich cool

## 2 Minuten Ewigkeit

Bei allem, was mich je erschüttert
Ist's diese eine Szene nur
Gedenken an so viele Mütter
An die Familien, tot, zersplittert
*Nur zwei Minuten*
*Auf der Uhr*

In Israel ist's ewig während
Wenn die Sirene lautstark schweigt
Für 2 Minuten nichts erklärend
Für 2 Minuten lebend sterbend
Und Deutschland scheint so nah
*So weit*

Es sind Millionen, die gestorben
Sind tot, erschossen und vergast
Warum nur all dies viele Morden
Ist man als Mensch kein Mensch geworden
Warum hat man so sehr gehasst

Ich komme auf die Antwort nimmer
Ich steh nur 2 Minuten still
In Israel, in meinem Zimmer
Wird manche Stunde schlimm
*Und schlimmer*
*Weil ich es spür*
*Weil ich es will*

Bei allem, was mich je erschaudert
Sind 2 Minuten Trauer, Ruh
Das Tiefste, was die Seel vermauert
*Minutensang, der ewig dauert*
*Und ich verneig mich still dazu*

## Vogel

Es ist ein Vogel einst geflogen
Der Vogel brachte Glück und Licht
Und deshalb bin ich losgezogen
Doch fand ich diesen Vogel nicht

Wo mag der Vogel denn bloß leben
Ich möcht ihn wirklich endlich sehn
Der Vogel könnt mir Freude geben
Und fliegen könnt' ich, wunderschön

Da kam ich an im fernen Lande
Und sah den Vogel, er war tot
Mein Traum zerrann im heißen Sande
Und ich litt wieder arge Not

Vor Jahren ist das Tier gestorben
Hab an den Vogel oft gedacht
Ich sehnt nach ihm mich jeden Morgen,
Dass er mich führt aus tiefster Nacht

Wohl sollt ich ohne Vogel leben
Denn ich bin selbst mein eigner Herr
Ich kann nicht fliegen, doch verstehen
Ich brauche keinen Vogel mehr

## Die Königin

So unnahbar, so kühl, so still
Brilliert sie vor dem Goldpalast
Die Königin weiß, was sie will
Und doch ist sie so seltsam still
Man hisst die Flagge hoch am Mast

Man krönt ihr Haupt und jenes Land
Sie lächelt leicht – ihr Blick scheint starr
Sie ist auf dieser Welt bekannt
Sie kommt aus einem Königsland
Von dort, wo´s niemals anders war

Sie schreitet die Parade ab
Das Militär steht kampfbereit
Und weil sie viel zu sagen hat,
fährt sie recht schnell zur Fuchsjagd ab
Ihr Tag verschlingt wohl sehr viel Zeit

Auf ihrem Schiff fährt westwärts sie
Die Flotte ist ihr Stolz, ihr Ruhm
Ein lauer Wind weht irgendwie
Voll Würde trägt die Krone sie
Es gibt im Ausland viel zu tun

Wenn sie dem Volk sich zeigen will
ist die Kalesche gut und klug
So unnahbar, so seltsam kühl
Wenn sie Kalesche fahren will,
ist Königin sie nie genug

Fast unnahbar, so kühl, so still
So krönt sie doch ein edles Land
Ja, sie ist Königin mit Stil
Und scheint manchmal so seltsam still
Und ich verneig mich – unerkannt

## Die Bar

Wie frivol wird's mir bei Nachte
Irgendetwas zieht mich an
Wenn die Nebel ziehen sachte
Drängt's mich in die heiße Nachte
In die Bar zum wilden Mann

Da gibt's manches wohl zu sehen
Zu erleben Wunsch und Traum
Dort, wo sich die Masken drehen
Bei den namenlosen Feen
Will ich schlecken Schampus-Schaum

Will mich laben an den Künsten
Aller Stars und Sternchen dort
Wenn die Zigaretten dünsten
Dann ertrink ich in den Künsten
In dem magisch-glitzernd' Ort

Irgendwann spür ich den Wandel
Bin nicht mehr, der ich mal war
Ist's vielleicht die bittre Mandel
Die mich trügt bei jenem Wandel
Die mich macht zum großen Star

Meine Stimme scheint zu fliegen
Fliegen will auch meine Seel
In der Bar der tausend Lieben
Bleibt kein Mensch mehr leblos liegen
Und manch Song netzt meine Kehl

Bis die Nacht weicht einem Morgen
Bin so schwer, fast wie ein Stein
Alles geht, scheint bald verborgen
Und die Bar liegt kühl im Morgen
*Ich bin Ich*
*Und schwanke heim*

## Mit Fuffzich – Das Kilometerlied

Irgendwann vorm Spiegel neulich
war´s mir gar nicht mehr erfreulich
Denn das Kinn hing schief darnieder
Und recht schlaff die Augenlider
Meine Laune, ziemlich gräulich

Stellte mich ein bisschen schräge,
seitlich links und etwas träge,
an den Spiegel mit der Wange,
die schon bleich und ziemlich bange
Und bestaunt´ die Zahnbeläge

Doch der Schreck zog mir ins Herze
Und es gab so manchen Schmerze
Denn im Spiegel, diesem blöden,
sah ich mich, und musste beten
vor der dicken Altarkerze

Und so zog ich mit den Fingern
all die Falten, die da schlingern,
ganz nach hinten in den Nacken
Straffte meine Hinterbacken
Wollt das Alter so verhindern

Rieb arg Röte in die Wangen,
die bekanntlich stark gehangen
Lächelte ein ganz klein wenig
Und brillierte wie ein König
Strich mir sanft über die Flanken

Doch oh Graus und welche Schande
Viel zu fett schien mir die Flanke
Und der Speck rollte beharrlich
Auf die Hüften, gar nicht artig
Alles Glück verlief im Sande

Irgendwo, ziemlich weit unten,
in dem Slip, dem hässlich bunten,
hing was Kleines, Unbekanntes
Ungebraucht und fern des Landes
An dem Leib, dem ungesunden

Da am Po, da hat's gewackelt
Und am Kinn hat's auch geschnackelt
Und die Schenkel – viel zu knuffig
Doch was soll's, wenn man schon Fuffzich
Selbst die Stirn erscheint verwackelt

Überhaupt, die lichten Haare
sind ergraut über die Jahre
Und die Nase ward zum Zinken
Selbst die Oberarme winken
Und die Füße Gott bewahre

Nein, da ist man nicht zufrieden
Solch ein Typ kann man nicht lieben
Ich sollt endlich mal trainieren
Muss die Pfunde jetzt verlieren
Und nicht üble Laune schieben

Und so kam das Fitnessstudio
Alles für ein neues Foto
Für den Spiegel, selbstverständlich
Alles Süße, das so schändlich,
kriegt der Hund mit Namen Bodo

Schaffte mich an Reck und Hantel
Passte bald in jeden Mantel
Aß nur Grünes, trank nur Wasser
Wurde zum Pralinenhasser
Die Figur war stark im Wandel

Doch nach zwanzig langen Wochen
kam ich nur noch angekrochen
Stellt mich vor den Spiegel wieder
Vor die Vase mit dem Flieder
Hätt jedoch mich fast erbrochen

Denn statt Fett, dass mich umringte,
und dem Oberarm, der winkte
Statt der Nase, der nicht schicken
und den Flanken, den zu dicken
Stand da jemand, der arg hinkte

Der zu dürr war und zu hager
Dessen Beine viel zu mager
Dessen Blick zu starr und trübe
Dessen Wangen – fad und öde
Dessen Kinn wohl auch kein Schlager

Da begriff ich voll Entsetzen
Nach dem Glück darf man nicht hetzen
Sollt den Tag wieder genießen
Und ihn nicht am Reck vermiesen
Mich mal auf 'ne Wiese setzen

Und so aß ich wieder Kuchen
Wollt manch´ Bonbon auch versuchen
Lachte wieder bei manch´ Witzen
Kam nicht mehr so sehr ins Schwitzen
Konnte wieder Glück verbuchen

Und vorm Spiegel schließlich neulich
War's mir endlich mal erfreulich
Zwar hings Kinn noch arg darnieder
Und recht schlaff die Augenlider
Doch die Laune war nicht gräulich

Endlich auch Erotikträume
Die bislang nur düstre Schäume
Irgendwo war wieder Leben
In manch' Slip schien es zu beben
Nicht mehr jenseits aller Freude

Ließ es endlich wieder krachen
Wollt mit Fuffzich noch was machen
Scheiß auf Schlankheit, zarte Flanken
Scheiß auch auf manch' Wackelwangen
Endlich kann ich wieder lachen

## Der Taxifahrer

Es hat geregnet, stundenlang
Er sah durchs Fenster auf die Straß
Die Nacht verging minutenlang
Und er fuhr Taxi, stundenlang
Der Asphalt glänzte regennass

Manch Träume kamen in ihm hoch
Was wäre, wenn es anders wär
Wenn er mal käm aus diesem Loch
Die Hoffnung war da immer noch
Wär dann dies Leben nicht mehr schwer

Ganz einfach weg sein – irgendwo
Und fliehen aus dem Alltagstrott
Dorthin, wo alle Menschen froh
Ganz neu beginnen – einfach so
Sein Taxi war doch eh nur Schrott

Die Frau, die Kinder – Spießigkeit
Und irgendwann ein kleines Haus
Und irgendwann Verdrießlichkeit
Und sterben an der Müßigkeit
Das hält doch keiner ewig aus

Ganz leise schlich er sich davon
Hinaus, wo kühl der Regen fiel
Die Nacht empfing ihn ohne Hohn
Er sah zum Haus, zu Frau und Sohn
Die ahnten nichts von seinem Ziel

Und er fuhr los, ins ferne „Nichts"
Der Regen wusch die Straßen frei
Er schien so fern des hellen Lichts
Die Nacht schluckt alles oder nichts
Und mancher Traum bricht da entzwei

Er war gefahren stundenlang
Längst lag die Stadt schwarz hinter ihm
Die Zeit verging wohl ewig lang
Und seine Seel´ geriet in Brand
Er wollt nur fort – irgendwohin

Am Flugplatz hielt er endlich an
Sollt er jetzt fliegen ganz weit weg
Er war gefahren stundenlang
Und mancher Traum hält ewig an
Wirft man so schnell sein Leben weg

Er nahm sein Geld und zählte es
Es würde reichen – einmal hin
Da blieb nichts übrig, nicht ein Rest
Was, wenn man alles jetzt verlässt
Sein Herz schlug schnell tief in ihm drin

Und er stieg aus, lief schnell davon,
blieb stehen, blickte kurz zurück
Sein Taxi, seine Frau, sein Sohn
Er war zu weit entfernt wohl schon
Lag vor ihm nun der Traum, sein Glück

Da sank er nieder - und er schrie
Jedoch ansonsten blieb es still
Was sollt nur werden – was und wie
Er war gesunken auf die Knie
Und längst verblasst sein großes Ziel

Die Hände schmutzig, auch die Knie
Ganz langsam stand er wieder auf
Warum jetzt hoffen – was und wie
Es wird schon gehen – irgendwie
Der große Traum Er pfiff darauf

Er setzte sich ins Auto schnell
und fuhr zurück in seine Stadt
Der Horizont ward langsam hell
Von irgendwo drang laut Gebell
Dort, wo er sein zu Hause hat

Und eh der Morgen da begann,
saß er daheim am Frühstückstisch
Die Frau starrt´ ihn sehr lange an
*„Hast Du geträumt, mein lieber Mann"*
Er hat die Tränen schnell verwischt

Und nahm den Sohn in seinen Arm
Die Zeit verging ein kleines Stück
In seinem Herz war´s wohlig warm
Mit Frau und Sohn in seinem Arm
fand er zurück zu seinem Glück

An manchem Tag, in mancher Nacht,
da fuhr er Taxi, auch mit Spaß
Er hat sich nicht davongemacht
Und mancher Traum verging ganz sacht
Und mancher Asphalt glänzte nass

## Bedrohung

Es flog aus tiefstem All heran
ein Himmelskörper, riesengroß
Viel mehr als man sich's je ersann
So mächtig aus dem All sodann
So rast er auf die Erde los

Jedoch auf Erden war es Tag
Der schönste fast seit langer Zeit
Man lebte gut, ganz ohne Klag
Und stellte keine dumme Frag
Der Himmel war so blau, so weit

Doch plötzlich schob vors Sonnenlicht
Ein großer Schatten sich behänd
Erstarrt so manches Angesicht
Kam nun das letzte Strafgericht
Kam nun des Lebens böses End

Die Sonne ging, die Nacht begann
Und Kälte stürmte in die Welt
Es flehte Maus, es weinte Mann
Und mancher fluchte dann und wann
So mancher bot sein ganzes Geld

Doch alle Tränen halfen nicht
Der Himmel wurde schwarz und tot
Denn vor das schöne Sonnenlicht,
da schob der Himmelskörper sich
Und brachte schlimmstes Leid und Not

Schon brach er in den Orbit ein
Und wird wohl stürzen bald herab
Und würde töten Stock und Stein
Nie wieder ward es Sommer sein
Und alle Welt wär wie ein Grab

Da trat aus einem Hinterhaus
ein Kind in Lumpen auf den Weg
Es sah wohl ziemlich ärmlich aus
Sein Blick war klar, sein Haar so kraus
Und leise sprach es ein Gebet

Da traten all die Menschen vor,
die eben noch vor Angst geweint
Und alle flüsterten im Chor
viele Gebete da empor
Und waren mit dem Kind vereint

Für drei Sekunden blieb es still
Und jeder hielt den Atem an
Hat man gehofft, vielleicht zu viel
Ist gleich vorbei das Lebensspiel
Ist gleich verloren Maus und Mann

Doch da geschah das Wunder, ach
Der Himmelskörper barst entzwei
Alsbald erschien am Himmelsdach
die Sonne wieder, ohne Krach
Und alle Nacht ging schnell vorbei

Da wussten all die Menschen wohl,
dass ohne Hoffnung gar nichts geht
Die Kinder sind so hoffnungsvoll
Ihr Wort, ihr Lachen ist nicht hohl,
sind das, was jeder Mensch versteht

Oft fliegt von irgendwo heran
manch böser Zauber in den Tag
Dann fürchtet man sich dann und wann
Will wieder Kind sein irgendwann
Und betet leis und ohne Klag

## Beim Engel

Sturmbewegt sind meine Flügel
Aufwärts zieht mich manch ein Sog
Nehm das Leben an die Zügel
Und empfange Engels-Lob

Hoch da droben scheints mir heller
als dort unten auf der Erd
Ach, auch Schreie gellen greller
Meine Seel noch unbeschwert

Doch dort oben ist's kein Halten
Schwer sink ich durchs Wolkenmeer
Fall in die Naturgewalten,
weil ich träge ward und schwer

>>*Ferner Engel, hol zurück mich*
*Lass mich nicht vergessen sein*
*Ich bin gut und auch manierlich.*
*Und ich möcht bei dir wohl sein*<<

Lange warte ich auf Antwort
Aber die kommt nimmermehr
Und ich fall behänd aufs Land dort
Gibt es mich schon bald nicht mehr

Doch dann breit ich meine Flügel,
die schlaff hingen an mir dran,
kraftvoll aus über dem Hügel,
der mich nicht mehr bremsen kann

Wie ein Phönix aus der Asche
kämpf ich mich zum Engel hin
Mit manch' Hoffnung in der Tasche
such ich wieder meinen Sinn

Und der Engel lächelt lieblich
Wusste wohl, ich kehr zurück
Ich bin stolz und bin manierlich
Bei dem Engel fand ich Glück

Ja, ich weiß nun aus Erfahrung,
dass ich immer kämpfen muss
Denn umsonst gibt's keine Nahrung
und auch keinen Engelskuss

## Die Wahrsagerin

Tagtäglich so ab 7 Uhr
ist sie vor Ort – ihr Lächeln pur
Sie ist stets auf dem letzten Stand
Sie hört sich alle Sorgen an

Sie gibt manch´ Rat und warnt auch mal
Sie fühlt sich wohl, kennt keine Qual
Bei jedem sieht sie Reichtum, Glück,
dass niemals kommt ein Missgeschick

Ja, sie verkauft manch´ Sehnsuchtstraum
Und schwärmt von Sekt mit ganz viel Schaum
Sie ist die Fernsehqueen, hat Geld
Man kennt sie auf der ganzen Welt

Doch irgendwann gen Mitternacht,
die Kameras längst ausgemacht,
da spürt sie plötzlich einen Stich
Im Herzen schmerzt es fürchterlich

Ein Schwindel zieht durch Aug und Hirn
Und Schweiß tropft schwer ihr von der Stirn
Sie weiß nichts mehr – was ist nur los
Sie ruft ganz laut: *„Was mach ich bloß"*

Doch schlägt nur Schweigen da zurück
Panische Angst, sie wird verrückt
Und ihre Seele sinkt behänd
dorthin, wo man sie nicht mehr kennt

Vorbei an all den Menschen fällt
sie nach unten und zerschellt
All jene Wünsche, all das Glück
was sie einst riet, bleibt weit zurück

Und wie sie liegt am tiefsten Punkt,
und nichts mehr sieht und nichts mehr summt,
da spricht jemand zu ihr ganz leis:
*„Dies ist für all dein Glück der Preis"*

Wie Schuppen fällt's ihr da vom Blick
Sie muss nach Haus Sie muss zurück
Denn all die Wünsche, all das Geld,
sind wohl nicht das, was wirklich zählt

Und all die Worte, die sie sprach,
all jene Weissagungen, ach,
die bringen nichts und sind nicht echt
Man macht es niemals allen recht

Am End bleibt nur der eigne Weg,
den man sehr selten recht versteht
Das einzige, was wirklich gut,
bleibt nur das Leben, ist das Blut

Ganz langsam steht sie wieder auf,
kommt ganz real zum Licht herauf
Und sie beginnt den neuen Tag
mit klarem Blick und ohne Frag

Sie weiß es jetzt und fühlt sofort:
*Man muss nicht ewig sein vor Ort*
*Kein Mensch weiß überall bescheid*
*Das wahre Glück kommt mit der Zeit*

## In der Bucht

Ein Sommer war´s am fernen Strand
Ich lief durch sonnenheißen Sand
Da sah ich sie allein am Meer
Ihr Haar so blond, ihr Blick nicht leer

Allein lag sie im Sommerwind
beim Sonnenschirm, der grünlich-lind
Ich sah sie an, mein Herz schlug hoch
Ich wollt sie kennenlernen doch

Sie schwieg und lächelte sodann
In jener Bucht, wohl irgendwann
Das Meeresrauschen zog sie fort
von dieser Bucht, von jenem Ort

Wild flirrte Hitze da um mich
Im Wasser sie, am Strande ich
Verklärte Bucht, die menschenleer
Und nur wir zwei, sonst niemand mehr

Sie kam zurück, ich küsste sie
Wir sprachen nichts dort an der See
So lang hab ich nach ihr gesucht,
in der geheimnisvollen Bucht

Dann ging sie fort, zu schnell, zu wild
Ihr Sonnenschirm – vom Wind zerknüllt
Ich lief ihr nach, doch fand sie nicht
Im Geist zerfloss ihr Angesicht

Der Strand war leer, die Bucht blieb tot
Manch´ Abendhimmel ganz in Rot
Am weißen Strand, in jener Bucht,
hab ich so lang nach ihr gesucht

Ein Sonnenschirm nur von ihr blieb
Mein Herz zersprang, ich hatt sie lieb
Verweht die Spur von ihr im Sand
Dort in der Bucht wohl irgendwann

## Am Hafen

Steh am Hafen, nachts um Zehn
Mist, es regnet ziemlich stark
Sollt ich wieder heimwärts gehn
Und ich schweig und denk nur Quark

Zieh den Kragen bis zum Ohr
Blinzle hoch zum Wolkenzelt
In mir drin manch´ Traum erfror
Doch es ist wohl nicht die Welt

Atme noch mal ganz tief ein
Manches Licht verschwimmt im Dunst
Sollt ich jetzt zufrieden sein
Einsicht scheint mir keine Kunst

Es wird kalt am Hafen hier
Und der Regen hört nicht auf
Ganz egal, ob ich erfrier
Ach, ich scheiß ganz einfach drauf

Werf die Zigarette weg
Dieser Husten nervt total
Nass sind Hafen, Weg und Steg
Diese Nacht wird mir zur Qual

Meine Lederjacke kneift,
wird zu eng am Kragenbund
Um die Ecken Ekel schleicht
Und ich wisch mir übern Mund

Irgendwo schreit jemand laut
Hat zu viel gesoffen wohl
Hab mir manche Chance versaut
Bloß nichts denken, nur kein Groll

Dreh mich um und gehe fort
Dieser Hafen macht mich krank
Dieser furchtbar triste Ort
legt nur meine Seele blank

## Kneipenschluss

Ich stolpre mich durch nächtlich Straßen
Kein Mond, kein Himmel über mir
Nur eine Pfütz im Straßengraben
Feucht ist der Nebel, feucht mein Kragen
Noch immer dreht das letzte Bier

Mir ist so übel – ich muss kotzen
An jener Wiese, die sonst schön
Starr krank ins Nichts, ich kann nicht protzen
Ich blinzle nur – ich kann nicht glotzen
Will lang noch nicht nach Hause gehn

Mein Schrei gellt durch die düstern Gassen
Die Angst kriecht scharf ins schlaffe Hirn
Ich lass mich falln, ins Gras, dem nassen
Zäh klebt die Zeit, ist nicht zu fassen
Die Düsternis will mich verwirrn

Mein Geld versoffen in der Kneipe
Wo stundenlang ich so gehofft
Im Spiel der Eitelkeit schnell pleite
Des Lebens allertrübste Seite
Manch Hoffnung längst von Frust verstopft

Ein Auto zischt an mir vorüber
Erkenn das rote Rücklicht kaum
Es gießt in Strömen in den Flieder
Durchnässt behänd mich immer wieder
Ich schieb mich heulend untern Baum

Ob sich das alles mal verändert
Obs anders wird vielleicht, und wann
Das halbe Leben so verschwendet
Ich weiß nicht mehr, ob das mal endet
Will heim, nur heim – ganz schnell – sodann

So stolpre ich mich immer weiter
Kein Mond, kein Stern blitzt über mir
Vielleicht werd ich schon bald gescheiter
Denn nachts ist's dunkel, gar nicht heiter
Im Spiegelbild von Schnaps und Bier

## Drittes Reich

Starke Männer, blonde Kinder
Frauen hinter Herd und Land
Niemals wieder kalte Winter
Schickt nach Norden Eure Kinder
Nordisch deutsches, schönes Land

Aus Berlin Germania wurde
Monster-Bauten überall
Deutscher Adler siegreich gurrte
Deutsches noch viel deutscher wurde
Endete im großen Knall

Untern Linden Marmorsäulen
Bis zur großen Halle dort
Übrig blieben Bombenbeulen
Schutt und Asche alle Säulen
Und Germania ist längst fort

Reichskanzlei und Wilhelmstraße
Drittes Reich in braunem Glanz
Noch gesteigert Maß und Maße
Bis zur Adolf-Hitler-Straße
Sieges-Traum vom letzten Tanz

Doch der Krieg zerstörte alles
Wahn und Lethargie zugleich
Schon zerbombt im Knall des Knalles
Ging dahin dies Land und alles
Schutt blieb nur vom Dritten Reich

Leichenberge und Ruinen
Ließ dies Reich von sich zurück
Und von Osten auf den Schienen
Kehrten heim, halbtot, von Sinnen
Manch´ Soldaten ohne Glück

Wind zieht übers deutsche Lande
War ein drittes Reich mal hier
Aus mach Rest, dem Sprengstoffsande
Baute man ein andres Lande
Jenseitig von Hass und Gier

## Der Major

Tag für Tag gab er Befehle
Aus der nimmermüden Kehle
Und sein Mund zog schon vor Schmerzen
Manchmal blies er aus die Kerzen
Doch wo blieb sein Traum, die Seele

Stund um Stund schrie er Kommandos
Manches schien so dumm und klanglos
Selbst sein Herz schrie schon vor Schmerzen
Längst verloschen all die Kerzen
Seine Brille: rund und randlos

Eines Tags in der Kaserne
Stand er da und zählte Sterne
Und er fragte sich voll Kummer
Warum diese blöde Nummer
Hat mich irgendjemand gerne

Warf die Uniform beiseite
Floh und rannte in die Weite
Selbst sein Mund sang neue Lieder
Jetzt und hier und immer wieder
Tat er´s, weil er sich befreite

Irgendwo ist er geblieben
Nicht sehr reich, doch wohl zufrieden
Niemals mehr will er marschieren
Nie mehr irgendwo erfrieren
Er kann endlich wieder fühlen

## Fremde Mächte

Irgendwo in dunklen Nächten
Lauerte so manch ein Tod
Meldungen von fremden Mächten
Die sich zeigten in den Nächten
Brachten Menschen arg in Not

Wesen, die wohl niemand kannte
Schwebten über Stock und Stein
Mancher um sein Leben rannte
Weil er sah, was er nicht kannte
Und es holte alle ein

Grausig in Gesicht und Leibe
Trieben sie ihr Ungemach
Flogen in recht flacher Scheibe
Über Wald und über Weide
Ohne Laut und ohne Krach

Viel zu viele Menschen starben
Weil die Wesen nichts verschont
Wo noch heut Millionen darben
Hat die Welt sehr tiefe Narben
Weil manch „Wesen" da noch thront

Doch sie werden bald schon fliehen
Suchen ihre eigne Welt
Wenn sie endlich weiterziehen
Kommt auf Erden wieder Frieden
Weil bei uns die Liebe zählt

## Sequenzen

Willst dich im Champagner wälzen
Dreck abwaschen
Nichts mehr naschen
Worte solln dich nicht verätzen
Nein, du willst auch nichts mehr schwätzen
Lass dich einfach überraschen

Willst dir selbst das Maul jetzt stopfen
Blut soll fließen
Du willst büßen
Doch es spritzt nicht mal ein Tropfen
Nur dein Herz hörst du noch klopfen
Lass dich einfach nicht verdrießen

Willst dich endlich selbst erkennen
Einfach schreien
Dich befreien
Nirgendwo mehr so verbrennen
Willst dich nur von Altem trennen
Lass dich einfach nicht mehr treiben

## Clown

Lang sieht er sich im Spiegel an
Sein Clownsgesicht – es lacht sogar
Was für ein lustig froher Mann
So sieht er sich im Spiegel an
Ein Clown, der immer lachen kann
Ein wirklich echter großer Star

Doch wenn die Lichter längst schon aus
Wenn er allein und einsam ist
Geht traurig er den Weg nach Haus
Dann sieht er nicht mehr lustig aus
Dann spricht er nur mit einer Maus
Weil die ihn wirklich nie vergisst

Er ist ein Clown, den gern man sieht
Er ist so bunt, das liebt man sehr
Doch keiner weiß, was sonst geschieht
Wenn man ihn einmal nicht mehr sieht
Wenn nachts er durch die Straßen zieht
Wenn ihm die Stunden ziemlich schwer

Dann schaut er sich im Spiegel an
Dann schminkt er sich die Farben ab
Sonst scheint er wohl ein froher Mann
Dort auf der Bühne, wo er´s kann
Ein Clown, der immer lacht sodann
Der Mensch ist, der auch Sorgen hat

Wenn dann die Vorstellung beginnt
Dann sind die Tränen lange fort
Wenn er vor all den Kindern singt
Wenn er dann lacht und hopst und spinnt
Dann ist das Leben bunt geschminkt
Man hört sein lustig-traurig Wort

## Der Minister

Er ist noch einmal dageblieben
Der Herr Minister schaut sich um
Er hat sich etwas aufgeschrieben
Wirkt überlegt, nicht aufgerieben
Er hört gut zu und ist noch stumm

Da ist die Frau aus fernen Landen
Die ist sehr eitel, will ihr Recht
Sie fühlt sich ziemlich unverstanden
Es geht heiß her in ihren Landen
Und wer dagegen ist, ist schlecht

Da geht's um Krieg und auch um Frieden
Um Ungerechtigkeit und Krieg
Soll man den Flüchtling hassen, lieben
Die kamen her und sind geblieben
Wohl ist's auch Angst, die übrigblieb

Da ist der Arme, ohne Arbeit
Die junge Mutter, die kein Geld
Der Staat vergaß wohl jene Klarheit
Und drückt sich lieber um manch Wahrheit
Will nur, dass man den Richtigen wählt

Da geht's auch um des Lebens Ende
Die Alten, die man nicht mehr sieht
Zur Seelen-Ruh gibt's eine Spende
Doch wer *fühlt* all die alten Hände
*Das, was noch bleibt, wenn man verblüht*

So sitzen sie nun hier zusammen
Mit großem Wort in jener Show
All diese Menschen, die da kamen
All diese Leute, all die Namen
All diese Leben – schwer und froh

Der Streit geht auch um Mindestlöhne
Um manch´ Partei und ihr Programm
Da geht's um Töchter und um Söhne
Um späte Renten, die nicht schöne
Um gleiches Geld für Frau und Mann

Das Publikum in der Arena
Hört – sieht sich alles staunend an
So mancher glaubt schon an ein Schema
Und einer fragt in die Arena
*Obs der Minister besser kann*

So geht die Zeit und auch die Sendung
Die Show ist aus, die Leute gehn
War dieser Abend nur Verschwendung
Hat man dafür vielleicht Verwendung
Wird das Gezeigte bald verwehn

Er ist noch immer dageblieben
Der Herr Minister
Er versteht
Er hat sich sehr viel aufgeschrieben
Er sprach auch mal
Was ist geblieben
*Ein lauer Wind durchs Studio fegt*

## Frau Holle

Ziemlich hoch im Wolkenzelte
Lebte sie für sich allein
Schaute traurig auf die Welte
Von dort oben, ihrem Zelte
Wollt so gern mal Mutter sein

Doch zu ihr, welch schlimmes Leben
Kam niemals ein netter Mann
Ach, sie wollt doch Liebe geben
Und ein Kind, ein schönes Leben
Ein Familienglück sodann

Aller Traum jedoch blieb ferne
Mann und Kind – nie kam´s zu ihr
Lang schaut sie zu manchem Sterne
Alles Glück schien viel zu ferne
Keine Freude, keine Zier

Da begann sie sich zu rächen
Holte sich, was sie gewollt
Nutzte aller Menschen Schwächen:
*Mit der Gier wollt sie sich rächen*
Zauberte ein Tor aus Gold

Damit lockte sie manch´ Mädchen
Und versprach das große Geld
Ach, es kamen aus dem Städtchen
Viele junge, hübsche Mädchen
Durch das Tor zur Wolken-Welt

Zur Begrüßung gab es Kuchen
Daunenbettchen wunderschön
Niemals gab es Grund zum Fluchen
Herrlich schmeckten Torten, Kuchen
Nein, kein Mädel wollte gehn

Doch wenn aller Tag vergangen
Kroch empor die schwarze Nacht
Plötzlich zischten tausend Schlangen
Dort, wo längst der Tag vergangen
Hat sich Unglück breitgemacht

Da, zur Hex ward die Frau Holle
Und ihr Wolkenhaus zerfiel
Formte sich zur schwarzen Scholle
Blitze zuckten um Frau Holle
Ach, es war ein böses Spiel

Alle Mädchen, die dort oben
Längst gefangen in der Scholl
Als die Wolken fortgezogen
Warn die Mädchen nicht mehr oben
Brach entzwei dies Tor aus Gold

So verschwanden hundert Mädchen
Keiner ahnte je wohin
Traurig lag nun Welt und Städtchen
Denn es fehlten junge Mädchen
Und es fehlte Glück und Sinn

Doch ein junger Prinz vom Meere
Hörte von dem Trauersang
Und er kam ganz ohne Heere
Mit dem Boot weit übers Meere
Und er suchte tagelang

Bis er sah die dunklen Wolken
Wo Frau Holle arglos war
Mit ´nem Luftschiff unbescholten
Flog er hoch bis zu den Wolken
Und sein Sieg schien sonnenklar

Er entdeckte jene Scholle
Wo die Mädchen eingesperrt
Doch da war auch noch Frau Holle
Die verteidigte die Scholle
Ihr Gesicht von Wut verzerrt

Kraftvoll hob der Prinz den Degen
Stach in jene Wolkenpracht
Dort heraus stob wilder Regen
Alle Mädchen warn am Leben
Als die Scholle laut zerkracht

Und im Luftschiff fröhlich singend
Flog der Prinz die Mädchen heim
Ach sie tanzten lustig springend
Durch das Städtchen rufend, singend
Alle konnten glücklich sein

Und Frau Holle in der Wolke
Die kam niemals wieder her
Denn das Tore aus purem Golde
War nur Lüge, wie die Wolke
Die Frau Holle gibt's nicht mehr

**Die Wärterin**

Im Spiegel sieht sie ihr Gesicht
Im Knast-Büro am Rand der Zeit
*Es ist nicht hell*
*Gefängnislicht*
Die anderen verstehn sie nicht
Die Freiheit nah und doch so weit

Gleich Einschluss und dann muss sie raus
Die Häftlingsfrauen wollen viel
Hier drin in diesem engen Haus
Sieht Vieles so viel anders aus
So manches dort ist ernst, nicht Spiel

All ihre Sorgen sind nicht da
All das verbirgt sie gut und schlecht
Hier drin im Knast scheint vieles klar
Für andere ist sie wohl Star
*Sie ist es nicht*
*Sie ist nur echt*

Sehr streng scheint sie – ihr Ton recht hart
Unmissverständlich, was sie will
Und draußen wird sie auch nicht zart
Ein Wechsel zwischen hart und smart
Und manchmal wird sie ziemlich still

Ist Haar – ganz kurz
Und auch schon grau
So viele Sorgen sieht sie oft
Vielleicht ist sie 'ne starke Frau
*Man hört auf sie*
*Sie ist genau*
Bis an die Seel die Sehnsucht klopft

Und wenn sie weint, dann sieht man´s nicht
Im Knast sind Tränen sehr verpönt
Gleich Einschluss, das verpasst sie nicht
Im seltsam müden Knast-Flur-Licht
So Vieles klar
*Und nichts geschönt*

Noch schaut sie in den Spiegel
*Schweigt*
Ist dieser Knast schon ihr Zuhaus´
Da ist nicht viel, was da noch bleibt
Ein klares Leben
*Sie ist frei*
Gleich Einschluss
Und sie muss jetzt raus

**Die Frau an der Grenze**

Tagtäglich ist sie unterwegs
Sie ist noch jung, scheint doch so alt
Mit scharfem Auge wacht sie stets
*Auf schmalem Pfad*
*Nach vorne geht's*
Am Felsen und tief drin im Wald

Die Grenze zieht sich ewig hin
Da, Nordkorea, gar nicht weit
*Warum die Grenze*
*Welcher Sinn*
Sie schaut nach drüben traurig hin
Und es vergeht die Zeit
*Die Zeit*

Sie muntert die Soldaten auf
Die warten schon an ihrem Platz
Mit ihrem Pickup fährt sie rauf
Auf manchen Felsen
Obendrauf
*Dies weite Land*
*Was für ein Schatz*

Und manchmal weint sie einfach so
Die Grenze ist so mörderisch
In Süd und Nord ist man nicht froh
Konflikte gibt es einfach so
Nur Schweigen, Tränen
*Lediglich*

Ich seh sie lachen irgendwann
Als sie vom fernen Frieden spricht
Mit ihrem Pickup fährt sie dann
Den nächsten Stützpunkt leise an
Und ihre Hoffnung nie erlischt

Ich schau nach Norden
*Greifbar nah*
Versteh nicht deren Wut und Hass
Es sind doch Brüder
Schwestern gar
Sie sind doch eins
Das ist doch klar
Ein lauer Wind streicht übers Gras

Doch dann muss sie schon wieder fort
*Ich wink ihr noch*
*Sie schaut zurück*
Was für ein rätselhafter Ort
Die starke Frau mit starkem Wort
Und sie fährt runter
*Dann hinauf*

## Familiendrama

Sie lebte gut am Waldesrand
Mit Kindern, Gartenteich und Job
Ein schönes Haus dort, auf dem Land
Jetzt ist sie tot
Was für ein Schock

Man fand sie hinterm Haus
Im Teich
Das Wasser war vom Blut so rot
Sie war erfolgreich
Doch nicht reich
Man schoss sie nieder
In den Tod

Vom Mann war sie schon lang getrennt
Die beiden Kinder noch sehr klein
Den Nachbarn war sie niemals fremd
Sie war sehr nett
Trank manchmal Wein

Doch eines Tages in der Nacht
War da ein Fremder
*Wars ein Freund*
Hat Zutritt sich zum Haus verschafft
Ein Schuss, kein Schrei
Und ausgeträumt

Man fragte alle Nachbarn aus
Doch keiner hat den Mord vollbracht
Jetzt steht es leer, das kleine Haus
Und dunkel wird´s dort in der Nacht

Da fand die Waffe man im See
Daran ein winzig kleines Schild
Als fiel der erste Winterschnee
Hat sich der letzte Fluch erfüllt

Die Schusswaffe war registriert
Auf einen Mann
Den Ehemann
Wohl hat er alle angeschmiert
Er kam und hasste
*Schoss sodann*

Man nahm ihn fest
Und er gestand
Er wollt die Kinder ganz für sich
Als er die Kleinen nirgends fand
Hat er geschossen, fürchterlich

Sie war an einem falschen Tag
Am falschen Ort
Zur falschen Stund
Ihr Mann wollt alles, ohne Frag
Er war nicht krank
Und nicht gesund

Er weinte, als er das gestand
Die Kinder kamen schnell ins Heim
Ab jenem Tag, als man sie fand
Sollts niemals mehr wie früher sein

Nur eine Meldung im TV
*Ein Drama irgendwo im Land*
Sie war 'ne Mutter, eine Frau
Ein Schicksal nur
Am Waldesrand

## Der Terrorist

Er war ein ganz normaler Mann
In blauen Jeans und weißem Hemd
Gern sah er sich Museen an
Der ganz normale nette Mann
Ihm war's egal, ob man ihn kennt

Er hatte Arbeit, irgendwo
Mit seinem Geld kam er gut aus
Er war für alles, einfach so
War traurig manchmal, öfters froh
Er lebte in 'nem schönen Haus

Doch irgendwann schien alles trüb
Manch Langeweile schlich sich ein
Das, was ihm einstmals gut und lieb
Schien plötzlich schlecht, total verglüht
Er wollte richtig böse sein

So vieles sah er im TV
Manch Mörderclique fand er toll
Er war nicht dumm und auch nicht schlau
Doch, was er wollt, wusst er genau
Er hatte längst die Schnauze voll

Denn all der öde Biederkram
Mit Haus und Auto, Frau und Kind
Das alles kotzte ihn längst an
Nie mehr ein artig, braver Mann
Er wollt dorthin, wo Kriege sind

So zog er fort aus seiner Stadt
Ins ferne Land, *zum Mörderclan*
Das Leben hatte er so satt
Er wollte stark sein und nicht matt
Und kam bald in der Ferne an

Dort freute man sich wirklich sehr
Ein neuer Kämpfer – *oh wie fein*
Er kam so arglos, stark daher
Ihm fiel der Wechsel gar nicht schwer
Aus seinem Herz doch ward ein Stein

Man gab ihm ein Gewehr sodann
Und Sprengstoff für den großen Knall
Er war einst ein normaler Mann
Der sah sich gern Museen an
*Doch ändert sich´s so Fall auf Fall*

Man schickte ihn flugs wieder fort
Zum Menschentöten für den Sieg
Er flog nach Haus, zum Heimatort
Mit reichlich Sprengstoff – *wie ein Sport*
Von dem am *End* nichts übrig blieb

In seiner Stadt, wo er mal froh
Sollt er nun morden voller Spaß
Er war für alles, einfach so
*War er nun glücklich oder froh*
*War wirklich da nur Wut und Hass*

Er setzte sich ins Kino dann
Die Leute kamen, lachten laut
Er war doch ein normaler Mann
*Er sollte töten, jetzt, nicht dann*
Er spürte seine Gänsehaut

Und er zog schnell am Sprengstoff-Gurt
*Gleich kracht es laut mit Feuerball*
Doch schien wohl irgendwas verzurrt
Ein Blitz zerriss den Todes-Gurt
Und traf ihn selbst mit vollem Drall

*Er sackte weg*
*Der Tod kam schnell*
Die Menschen rannten ängstlich raus
Im Kino ward es wieder hell
Sein Ende kam wohl ziemlich schnell
*Sieht so ein Heldensterben aus*

Er war ein ganz normaler Mann
*In blauen Jeans*
*Mit weißem Hemd*
Er wollte stark sein, *irgendwann*
Er sollte töten, jetzt, nicht dann
*Er schaffte, dass ihn jeder kennt*

## Maskerade

Und sie schreiben immer weiter
Immerzu nur Schund und Dreck
Nein, sie werden nicht gescheiter
Diese Affen, diese Leiber
Und sie werfen Wahrheit weg

Und sie fühlen sich so sicher
Denn man stopft sie voll mit Geld
Nichts kommt mehr in trockne Tücher
Und man leugnet alle Bücher
Und man leugnet diese Welt

Dummheit zieht durch alle Straßen
Hass und Missgunst überall
Wenn der Pöbel schreit durch Gassen
Schweigt man still
Man will es lassen
Wann kommt wohl der große Knall

Untern Teppich kehrt man alles
Weg ist weg – so sieht man´s nicht
Und im Fall des schlimmsten Falles
Leugnet man ganz schnell mal alles
Knipst man ganz schnell aus das Licht

Zu viel Dreck bringt doch nur Schaden
Darum schreibt man alles „schön"
All die Ketzer soll man jagen
Wie so manchen Satansbraten
Denn man will sie nicht verstehn

Hinter mancher Tüllgardine
Schimpft man heftig, hat man Wut
Doch man scheut dort jede Bühne
Hetzt behänd ins Blaue, Grüne
Bis es schäumt, manch´ Drogenblut

Doch das Volk geht auf die Straße
Überall, weil´s Frieden will
Fort mit allem blinden Hasse
Diesem falschen, dummen Spaße
Wahrheit ist des Menschen Ziel

## Drei Jahre

Durchs Gitter dringt die kalte Nacht
Was hab' ich denn nur falsch gemacht
Die Stunden kommen, gehen lang
Und mir wird's schwer,
Und mir wird's bang

Verhör in Nächten und am Tag
Ich bin nur schwach
Ich bin nicht stark
Die Stasi schnappte einfach zu
Jetzt bin ich hier
Jetzt ist nicht Ruh

Ich wollt' nur in den Westen mal
Wollt frei sein, leben ohne Qual
Um 1970, ach
Nahm man mir alles
Familie, Dach

Das ging drei Jahre – irgendwie
Im Stasi-Knast von Nacht bis Früh
Ich wollt nur frei sein, einfach so
Im Westen leben – glücklich, froh

Man hat mich plötzlich freigekauft
Ich fühlte mich wie neu getauft
Man schob mich ab
Nach Westen schnell
Noch war es dunkel
Und nicht hell

So viele Fragen tief in mir
Und keine Antwort – jetzt und hier
Was hatte ich nur falsch gemacht
Von Ost nach West dringt kalt die Nacht

Sie steht nur da im Dämmerlicht
So große Worte macht sie nicht
Ihr Kind starb lang von fremder Hand
Und es herrscht Ruhe überm Land

Der Wind zerzaust ganz leis ihr Haar
Sie weiß genau, dass es *hier* war
Der Herbst nahm jenen Sommer mit
Und ihren Sohn, ihr größtes Glück

Was ist das Leben jetzt noch wert
War all das *Gestern* so verkehrt
Sie kann nicht weinen, steht nur da
An jenem Ort, wo´s neblig war

All die Erinnerung brennt tief
Ihr ist, als ob nach ihr man rief
Auf einem kleinen Segelboot
Winkt still ein Kind im Abendrot

Der Kahn ist fort, fort auch der Sohn
Ihr ist so kalt und schwächlich schon
Ihr Herz, die Seele – alles tot
Längst fort mit jenem Leichenboot

Der Täter lebt
Er sitzt im Knast
All die Gedanken, eine Last
Tagtäglich fragt sie sich: *Warum*
Doch Grab und Himmel bleiben stumm

Sie steht noch da im Dämmerlicht
Nein, große Worte macht sie nicht
Ihr Kind ist tot durch fremde Hand
Und es ist Ruhe überm Land

S
I
E

## Besuch im Westen

Es war kurz nach der Wende. Die Menschen waren aufgewühlt und voller Enthusiasmus. Neugierde und Aufbruchstimmung lagen in der Luft. Jeder wollte es, in den Westen! Alles DDR-Östliche wurde schlechtgeredet und war mehr als verpönt. Auf den Bahnhöfen herrschte eine Mischung von Abschied, Reiselust und Republikflucht. Jeder wollte weg! Auch ich hielt es nicht mehr aus! Ich wollte in den Westen! Manche unkten sogar schon, dass man die gerade erst gefallene Mauer wieder schließen könnte. Man munkelte von geheimen Stasiplänen, wonach die DDR wieder dichtgemacht werden sollte. Doch all das interessierte mich nicht. Ich platzte bald vor Neugierde, musste nun endlich losziehen. Auch auf unserem Bahnhof war die Hölle los. Alles, was zwei oder vier Beine hatte in dieser Stadt schien auf dem Bahnhof herumzulungern. Man hatte Sonderzüge eingesetzt, weil die fahrplanmäßigen Interzonenzüge diese Masse an Menschen nicht mehr bewältigen konnten. Auch ich musste mich an einer endlosen Warteschlange anstellen, nur, um eine Fahrkarte in den Westen zu ergattern. Meine Reise ging von Zwickau in Sachsen nach Hof in Franken. Ich hatte Glück, ich bekam noch einen Sitzplatz in einem Abteil. Voller Spannung wartete jeder auf den Pfiff des Schaffners. Dann begann die Reise. So bewusst und wach hatte ich noch nie zuvor eine Zugfahrt erlebt. Ich wollte alles in mich aufnehmen, alles bewusst erleben. Bedauerlicherweise saß ich nicht am Fenster. Doch es hatte auch sein Gutes. So musste ich mich irgendwann mit den Mitreisenden unterhalten. Und wie mir schien es auch den anderen zu gehen. Plötzlich schien es, als ob jeder im Abteil das Bedürfnis

99

hatte, zu reden. Eine ältere Dame erzählte, dass sie schon oft im Westen war. Sie erzählte, wie es da so ist. Sie berichtete von gepflegten Straßen und hellen Häusern, von schönen Parks und von prall gefüllten Regalen in den zahllosen Einkaufszentren. Ein anderer Herr bestätigte das und meinte sogar, dass es im Westen anders roch. Ich schaute ihn misstrauisch an und streichelte verlegen einen kleinen Dackel, der sich ängstlich zwischen meinen Beinen versteckt hielt. Der kleine Hund gehörte einer jungen Frau, die ebenso gespannt wie ich den Erzählungen der älteren Mitreisenden lauschte. Während der Gespräche bemerkte keiner, dass wir uns der Grenze näherten. Der Zug rollte langsam auf einen Stacheldrahtzaun zu. Gespenstische Stille breitete sich im Zug aus. Der kleine Dackel war unterdessen unter meinem Sitz verschwunden. Er presste sich mit seinem kleinen Köpfchen ganz eng an meine Schuhe. Der Zug hielt an einem Bahnsteig. In kleinen Abständen standen Armeeangehörige der NVA und warteten wohl auf ihren Einsatzbefehl. *„Die Grenzsoldaten kommen gleich durch und kontrollieren uns"*, raunte die alte Frau. Vor Aufregung schlug mein Herz bis zum Halse und wirre Gedanken schossen mir durch den Kopf. Hier also war es, hier wurden Menschen aus den Zügen geholt und abgeführt, einfach so. Hier wurden Familien auseinandergerissen. Hier verschwand so mancher Koffer auf Nimmerwiedersehen. Hier verschwand auch so mancher heimliche Flüchtling. Es war plötzlich so ruhig im Zug, dass man getrost hätte, eine Stecknadel fallen lassen können. Sie wäre wie ein Paukenschlag auf dem Boden aufgetroffen. Ein Geräusch durchbrach die Stille! Jetzt kamen sie, die Grenzer! Vielleicht sogar noch schlimmer – die Stasi? Ich dachte, was wäre, wenn die uns nicht rüber lassen, wenn sie uns alle festhielten. Immerhin hatten sie das ja all die Jahre so getan. Mit einem heftigen Ruck wurde die Abteiltür aufgerissen. Ich zuckte zusammen, schaute auf das beruhigende Gesicht der alten Frau. Die schien meine Aufregung bemerkt zu haben. Sie zwinkerte mir beruhigend zu und nickte mit dem Kopf. Der Grenzer hatte ein weißes, fieses Gesicht. In der Hand hielt er einen großen Aktenblock und machte sich Notizen. Mir schien, als ob dieser Mann nie das Sonnenlicht gesehen hatte. Offenbar konnte er nicht einmal lachen. Doch da, ein leichtes Grinsen huschte über seine hohlen Wangen, verflüchtigte sich aber in seinen tief-frustrierten Mundwinkeln. „Die Ausweise, bitte", rief er laut! Wieder zuckte ich zusammen! Hier an der Nahtstelle zwischen Ost und West, hier an der Linie zwischen Dogma und Freiheit, ausgerechnet hier hielt ich dem Grenzsoldaten meinen sozialistisch-verlorenen Ausweis entgegen. Der Grenzer nahm ihn gefühllos an sich und drückte entschlossen und mürrisch seinen metallenen Stempel hinein. Dann verabschiedete er sich kühl aber freundlich mit dem Militärgruß von uns und verschwand. Ich atmete tief durch. Wie viele Menschen hatten hier schon gezittert. Wie viele Menschen hatten vor diesem Mann schon Angst, panische Angst. Hatte der vielleicht auch schon mal auf jemanden geschossen? Undenkbar war das nicht. Ich wartete einige Minuten, dann musste ich aufs Klo. Und noch immer kreisten die Gedanken. Hatten sich hier auch die Leute versteckt. Interessiert schaute ich zur Decke. Dort konnte man kleine verschlossene Luken erkennen. Doch ansonsten herrschte nur Schweigen. Ich wunderte mich, dass wir noch immer standen. Gab es Schwierigkeiten? Warum fuhren wir nicht weiter? Nachdem ich mir die Hände abgewaschen hatte, trat ich vorsichtig in den Gang hinaus. Ich schaute zum Fenster, doch was war das? Vor dem Fenster huschten bunte Felder vorbei – ja, wir fuhren bereits. In diesem Augenblick fiel eine tonnenschwere Last von mir. Diese mündete gnadenlos in eine geschichtsträchtige Erkenntnis: Ich war im Westen! Das, was ich mir Jahre und sogar Tage zuvor nicht einmal vorzustellen wagte, erlebte ich jetzt und unmittelbar. Ich befand mich auf westdeutschem Boden und war nicht einmal geflüchtet! Wofür so viele Menschen ihr Leben gaben und sinnlose, jahrelange und harte Haftstrafen verbüßen mussten, das gelang mir mit einem Schritt. Genauer, mit einem Besuch auf der Zug-Toilette, wie makaber und wie einfach. Es war ein wunderbares Gefühl, das mich in diesem Moment beschlich. Ich hatte es erreicht – ich war frei! Und ich wusste in diesem Moment nicht, ob ich jemals wieder zurückfahren würde. Wen würde es schon stören, wenn ich einfach im Westen bliebe? Wen interessierten jetzt noch Selbstschussanlagen und Stacheldrähte? Ich hätte es nie für möglich gehalten, so schnell all diesen albernen Zirkus, den ich bei meinem Pflicht-Wehrdienst eingeimpft bekam, beiseite zu legen und mich einfach nur noch zu freuen, im Westen angekommen zu sein. Und – wen interessierte das jetzt noch? Ich öffnete das Fenster und atmete tief ein. Ja, es stimmte, es roch tatsächlich anders. Es roch nach frischen Blumen, nach Natur und Freiheit. Es roch nach Lust auf Leben und es roch nach großer Welt. Das werde ich wohl nie vergessen. Wie eingeengt war mein Leben bis zu diesem Augenblick. So ebenmäßig und glatt, wie die Gleise hier waren, so ebenmäßig erschien mir meine Zukunft. Ich wusste, dass wir nie wieder eine solche Mauer bauen dürfen! Menschen kann man nicht trennen! Und schon gar keine Landsleute! So etwas funktioniert nicht. Irgendwann fällt jede Mauer. Die abwartende und betretene Stille, die den Zug an der Grenze einhüllte, war längst einem allseitigen Getratsche und Geplapper gewichen. Überall sprachen die Menschen miteinander. Viele Leute lachten und winkten aus den weit geöffneten Fenstern der Waggons. Auch ich winkte und manche riefen zurück, wünschten uns einfach viel Glück. Ich ging in mein Abteil zurück. *„Wir sind gleich da"*, sagte die alte Dame vergnügt. Und ich bemerkte, dass ihre Falten etwas weniger geworden sein mussten.

## Ankunft im Westen

**D**er Bahnhof in der kleinen fränkischen Stadt war eigentlich recht klein. Ein Kleinstadtbahnhof eben. Doch diesen Eindruck gewann ich erst viel später. Die ganze Zeit hatte ich aus dem Abteilfenster geschaut. Ich wollte nichts verpassen. Alles, was „Westen" hieß oder zumindest so aussah, wollte ich sehen. Alles wollte ich spüren, riechen und fühlen. Und ich gebe ehrlich zu, dass ich in diesen Stunden eine ganze Flut von Gefühlen spürte, die mich hin und her rissen. Ja ehrlich, es roch sogar anders. Es waren Menschenmassen, wie ich sie nur zu den DDR-Weltfestspielen in Berlin erlebte. Der Bahnhof drohte beinahe auseinanderzubrechen. Menschen winkten, weinten, riefen laut: *„Hallo!"* Ich konnte das alles nicht glauben. Hätte mir das vor einem Jahr einer erzählt, hätte ich ihn wohl für total verrückt gehalten. Der Zug hielt an und der ohrenbetäubende Jubel, der Frohsinn der Menschen sprang sofort auf mich über. Er zog in mein Herz und in meine Seele. So etwas hatte ich nie zuvor erlebt. Da waren sie also, unsere Brüder und Schwestern aus dem Westen! Überall auf den Bahnsteigen standen Helfer vom Roten Kreuz. Es gab Tee, heiße Suppe und Decken. Und es gab Trost, sehr viel Trost. Menschen, die sich nie zuvor gesehen hatten, lagen sich weinend in den Armen. Freiheit! Wir waren frei! Wir hatten diese Mauer überwunden, und ich durfte das erleben! So blau war nie der Himmel, so warm schien niemals die Sonne. Vergessen alle Grenzen, alle Soldaten und alle Trennungen – und was waren schon Mauern? Mauern zeigen deutlich, dass dahinter irgendetwas ist. Und oftmals ist es die Freiheit. Menschen hinter Mauern werden stark, sehr stark. Wir haben es geschafft, wir sind eins! Mühsam bahnte ich mir einen Weg durch die Menschenmassen. Und wie ich taten es in diesem Moment Tausende, Millionen Ostdeutsche, irgendwo im Westen. Was für ein Erlebnis. Nach so cirka einer Stunde hatte ich mich bis zum Stadtkern dieses eigentlich so friedlichen Städtchens durchgekämpft. Die Devise hieß nun: 100 D-Mark Begrüßungsgeld abfassen! Dazu musste ich in eine Bank. Auf dem kleinen Marktplatz schien die Hölle los zu sein. Jeder wollte in irgendein Geschäft. Selbst die billigsten Ladenhüter hatten heute Erfolg. Gekauft wurde alles, was im Rahmen der finanziellen Mittel lag. Vor den Banken bewegten sich endlose Menschenschlangen. Ich musste grinsen. Diese langen Schlangen erinnerten doch sehr an die DDR. Jemand rief: „Leute, hier gibt's Bananen", und alle DDR-Leute rannten hin. Ich hingegen hielt mein Geld stolz in den Händen, wollte es so lange wie nur möglich behalten. Doch diese unsagbare Warenflut, dieses unglaublich riesige Angebot ließ auch bei mir alle Vorsätze und jeden Spartrieb dahinschmelzen. Die Ausbeute belief sich am Ende auf ein teures Marken-Jeanshemd, zwei Oldie-Schallplatten und eine silberne Armbanduhr. Den Rest hatte ich an Bratwurstständen verjubelt. Der Tag im Westen verging wie im Fluge. Und es war ein herrlicher Tag. Als ich am Abend schließlich wieder nach Hause fahren wollte, staunte ich nicht schlecht, als ich die Leute sah, die sich im Bahnhofsgebäude drängelten. Denn alle die, die gekommen waren, wollten nun wieder zurück. Und zwar alle auf einmal. Ich hatte damals noch eine recht schlanke Figur. So gelang es mir tatsächlich, mich wie ein Rettungssanitäter durch die dichte Menschenmasse hindurch zu boxen. Ja, es ähnelte eher einem Befreiungskampf als einem Reiseantritt. Die Züge fuhren ein und aus, doch die Menschenmenge ebbte nicht ab. Man hatte keinerlei Zeitgefühl mehr. Irgendwann drückte ich mit letzter Kraft einen alten Stasibonzen zur Seite und sprang in einen Waggon. Dort ging es zu wie zu Flüchtlingszeiten nach dem Krieg. Die Leute standen auf dem Klo, zwischen den Sitzen, an den Türen. Kinder wurden durch die Fenster herein gereicht. So manche teuer erworbene West-Rarität ging in diesem wilden Getümmel auf Nimmerwiedersehen verloren. Ich stand auf einem Blech zwischen zwei Waggons. Unter mir konnte ich die Gleise sehen und über mir schneite es zielgenau in meinen Kragen. Lediglich eine Metallstange verhinderte, dass ich zwischen den Metallplatten aufs Gleisbett rutschte. Jeder war sich selbst der Nächste. Und so ging die Reise los. Es war zu diesem Zeitpunkt nicht klar, ob wir jemals zu Hause ankommen. Wäre unterwegs etwas Unvorhersehbares geschehen, wären wir wohl alle drauf gegangen. Ich krampfte mich an meiner Metallstange fest und dachte nur daran, ja nicht loszulassen. Doch der Gedanke, meine hart erkämpften Westwaren zu Hause zu präsentieren, ließ mich eisern durchhalten. Zwar fiel mir bald die Hand ab, doch ich ließ nicht los. Am Grenzpunkt, den wir bereits bei der Hinfahrt passiert hatten, standen nur noch wenige Grenzer. Sie konnten gar keinen kontrollieren, weil sie gar nicht in den Zug kamen. Einige Reisende, die an den Türen standen, stiegen auf eine Zigarettenlänge aus dem Zug. Es war stockdunkel. Durch das Fenster sah ich eine seltsame junge Frau. Nein, es war ein Mädchen. Sie hatte ein weißes Kleidchen an. Sie stand einsam hinter einem Stacheldrahtzaun. Ich wunderte mich, dass sie keinerlei Regung zeigte. Keiner schien Notiz von diesem wunderschönen Wesen zu nehmen. Plötzlich winkte sie, ja, sie winkte mir zu, und sie lächelte. Ihre blonden Haare wehten im leisen Wind, der aufgekommen war. Dann vernahm ich eine Stimme. Sie sang: *„Ich wünsche Dir alles Glück dieser Erde. Bis hierher habe ich Dich begleitet. Jetzt musst Du alleine gehen. Du wirst es schaffen. Alles Gute."* Bei diesen letzten Worten löste sich die Gestalt in Luft auf, sie verschwand einfach in der Dunkelheit. Ich war wie erstarrt. Gerade wollte ich jemand auf diese Escheinung aufmerksam machen, als sich der Zug langsam wieder in Bewegung setzte. Sicher kamen wir zu Hause an. Diese erste Begegnung mit dem Westen werde ich wohl nie vergessen. Sie hat sich tief in mein Gedächtnis eingebrannt. Es war eines der schönsten und bedeutendsten Erlebnisse, die ich in meinem Leben hatte. Ich war angekommen! Und mit mir so viele meiner Landsleute! Ein starkes Gefühl kroch durch meinen Leib. Wir Menschen halten viel aus und wir sind fähig, unser Leben grundlegend zu ändern. Wir können alles ändern, wenn wir es nur wollen. Und wir müssen immer wissen, dass wir nicht allein sind bei diesem Kampf. Dieses Mädchen am Wegesrand gab mir so viel Zuversicht. Woher sie wohl gekommen war? Oder war sie immer da? Ich wusste es nicht. Doch die Ungewissheit schien mir noch mehr Mut zu geben, Mut auf das Leben, was da noch kommen sollte. Einfach wird es nicht, das wusste ich damals schon. Doch es wird gut, denn wir sind nicht mehr allein. Wir sind aufgebrochen, um in eine neue Zeit zu gehen. In ein neues Zeitalter vielleicht. Immer werden sich Menschen auf den Weg in neue Zeiten begeben. Sie werden neue Welten entdecken. Und am Ende entdecken sie doch immer wieder nur eines: Sich selbst!

Herstellung und Verlag: BoD- Books on Demand, Norderstedt